Bruno Comby

Köstliche Insekten

Die Proteine der Zukunft

Unerschöpfliche Quelle
für die gesunde Ernährung

Aus dem Französischen
von Ilse Winter

Eichborn.

Wenn Sie die natürliche Ernährung kennenlernen und Insekten probieren möchten, schreiben Sie auf Englisch oder Französisch an folgende Adresse:

Bruno Comby, Directeur du Laboratoire
Château de Montramé
Soisy-Bouy
F-77650 Longueville
Frankreich
Tel.: (00 33-1) 64 00 26 10

Die Deutsche Bibliothek – CIP-Einheitsaufnahme

Comby, Bruno:
Köstliche Insekten : die Proteine der Zukunft ; unerschöpfliche
Quelle für die gesunde Ernährung / Bruno Comby. Aus dem
Franz. von Ilse Winter. – Frankfurt am Main : Eichborn, 1993
    Einheitssacht.: Délicieux insectes < dt. >
    ISBN 3-8218-0427-0

Originaltitel: Délicieux insectes
© Editions Jouvence, 1990

© Vito von Eichborn GmbH & Co. Verlag KG, Frankfurt am Main,
März 1993
Umschlaggestaltung: Rüdiger Morgenweck
Lektorat: Imke Rötger
Gesamtproduktion: Fuldaer Verlagsanstalt GmbH, 36037 Fulda

ISBN 3-8218-0427-0

Verlagsverzeichnis schickt gern:
Eichborn Verlag, Kaiserstr. 66, D-60329 Frankfurt/Main

Dieses Buch ist
Christian und Ghislaine gewidmet.

Und über alle religiösen Gegensätze hinweg
dem Propheten Mohammed
und Johannes dem Täufer,
der Jesus Christus getauft hat,
... alle beide berühmte Insektenesser,
die Berge versetzt und den Lauf der Geschichte
auf ihre Weise verändert haben.

Inhalt

»Johannes aber war bekleidet mit Kamelhaaren und aß Heuschrecken und wilden Honig.«

Markus-Evangelium, 1/6

»Er aber, Johannes, hatte ein Kleid von Kamelhaaren, seine Speise aber war Heuschrecken und wilder Honig.«

Matthäus-Evangelium, 4/4

»Der Prophet aber hat gesagt, Gott habe zwei Tierarten zu essen erlaubt, ohne sie zu schlachten: Fische und Heuschrecken (…) Wer nicht von meinen Heuschrecken, von meinen Kamelen und von meinen Schildkröten ißt, ist meiner nicht würdig, spricht der Prophet.«

Koran, nach E. Bergier und F. Touber

»Ihr aber werdet essen:
die Heuschrecke um ihrer Art willen, die Ameise um ihrer Art willen, den Grashüpfer um seiner Art willen.«

Thora, Levi 1122

Der Verzehr von Insekten steht also keineswegs im Gegensatz zu den Lehren der christlichen, muslimischen und jüdischen Religion.

Einführung zur deutschen Ausgabe

Seit der ersten Veröffentlichung in Frankreich vor 20 Monaten hat dieses Buch auf internationaler Ebene einen raschen Erfolg erlebt. Fernsehsendungen, die in verschiedenen Ländern einander in rascher Folge ablösten (in den USA, Kanada, Frankreich, Spanien, Belgien, Schweiz, Ungarn, Holland, Mexiko etc.) und Interviews mit zahlreichen Journalisten haben seit Ende 1990 fast meine gesamte Zeit in Anspruch genommen. Ich bin darauf nicht besonders stolz, weil ich annehme, daß diese Beachtung nicht mir gilt: es ist das Thema, das für die Medien von speziellem Interesse ist. Wenn ich einem Journalisten ein Interview über die Art und Weise des Insektenessens gebe, erscheinen kurz darauf drei weitere und bitten ihrerseits um ein Interview und um eine Kostprobe. Jeder von ihnen zieht wiederum drei nach sich, und schon ist eine Kettenreaktion der internationalen Medien in Gang gesetzt.

In Deutschland wurden meine Untersuchungen zum ersten Mal von Thomas Gottschalk in einer Fernsehshow präsentiert, schon bevor mein Buch in der Übersetzung vorlag. Ich habe Thomas Gottschalk als sympathischen und mutigen Mann kennengelernt: er hat ohne Umschweife von den Grillen, den Bienenlarven und den Schmetterlingspuppen, die ich ihm mitgebracht hatte, probiert. Ganz offensichtlich haben sie ihm ausgezeichnet geschmeckt. Der Gedanke, Insekten zu essen, stößt zunächst auf psychische Barrieren; und doch schmecken sie köstlich, sehr delikat und sogar besser als Kaviar oder Gänseleberpastete.

Über die bloße Frage der Insekten als Nahrungsmittel hinausgehend, habe ich dieses Buch geschrieben, um Sie zum Nachdenken über wichtige Ernährungsprobleme anzuregen. Unsere »moderne«, zunehmend künstliche Ernährung, ist für unsere Gesundheit katastrophal. Zudem sollten wir uns schämen, daß wir an Überernährung leiden, während die andere Hälfte der Menschheit auf der anderen Seite unseres Planeten Hungers stirbt.

Insekten sind nicht nur auf dem Gebiet der Ernährung und in der Gastronomie von Bedeutung. Noch heute, am Ende des 20. Jahrhunderts, sind unsere – vermeintlich – frei gewählten Eßgewohnheiten mit erheblichen Tabus belastet. Das Grauen, das in jedem von uns allein bei dem Gedanken, ein Insekt zu essen, ausgelöst wird, ist ein Beispiel dafür. Dieses Grauen zu überwinden, mit positivem Blick auf die Insekten zu schauen, sich davon zu überzeugen, daß sie schmackhaft sind, obwohl man doch glaubte, sie schmeckten abscheulich – das ist echte Psychotherapie. Das Verhältnis des Menschen zum Insekt ist sehr emotional, intensiv und mit Geschichte befrachtet: In den Millionen von Jahren, in denen unsere Vorfahren im Wald lebten, waren die Insekten dem Menschen ein Freund. Heute sieht man sie nur als Schädlinge an und vernichtet sie durch Insektizide zu Milliarden.

Meiner Meinung nach ist das ein großer Fehler. Die Insekten sind eine einzigartige Rohstoffquelle. Sie sind vielleicht keine besonders intelligenten Tiere, doch unter ästhetischen Aspekten betrachtet sind sie großartig. Ihr Sozialleben ist sehr vielfältig, und sie zu beobachten, kann uns viel bringen: Auf wissenschaftlichem Gebiet geben uns die Insekten eine befriedigende Antwort auf die entscheidenden Fragen des 21. Jahrhunderts: Welche Proteinquelle verträgt der Mensch am besten? Wie können die Völker Afrikas und der Dritten Welt, die an Proteinmangel leiden, am besten ernährt werden? Zudem können sie jedem einzelnen von uns dabei helfen, unser Bewußtsein zu erweitern, unsere Ängste und unsere Tabus zu besiegen und eine Lebensweise zu finden, die mit unserer Umwelt freundlicher umgeht, sowie eine natürlichere Ernährungsform, damit wir besser, glücklicher und freier leben können.

Viel Freude beim Lesen und guten Appetit!   *Bruno Comby*
                                                        Paris, im Juni 1992

»Köstliche Insekten« im Kommen

Vorwort des französischen Herausgebers

Algerien, Angola, Brasilien, Burma, China, Indien, Indonesien, Kamerun, Kolumbien, Mexiko, Neuguinea, Südafrika, Länder Südostasiens, Tansania, die Trobriand-Inseln, Uganda, Venezuela, Zaire, Zimbabwe... Gestützt auf eine umfangreiche Bibliographie zeigt uns der Autor, daß in allen diesen Ländern Volksstämme regelmäßig oder gelegentlich Insekten konsumieren. Und das nicht unbedingt aus Gründen der Sparsamkeit, der Knappheit oder des Hungers, sondern oftmals, weil sie wegen ihrer geschmacklichen und kulinarischen Qualitäten geschätzt werden.

Daran anknüpfend stellt Bruno Comby eine Frage, die uns im Westen ketzerisch und provokant vorkommen mag: Kann der moderne Mensch Insekten essen?

Diese Frage kann niemanden gleichgültig lassen. Uns als Herausgebern ist die Antwort des Verfassers oder des Lesers aber nicht das Wichtigste (obwohl wir gern von Ihren Gefühlen, Ihren Reaktionen oder Ihren Erfahrungen auf diesem Gebiet hören würden und Ihnen für eine Mitteilung dankbar sind). Denn die Frage des Autors führt ja viel weiter. »Was ist eine adäquate Ernährung?« Während viele Fastfood, Junk food, Schweinefleisch und Innereien, künstliche, verarbeitete oder industriell hergestellte Nahrungsmittel problemlos hinunterschlingen, empfinden sie Abneigung oder gar Ekel, wenn sie Insekten essen sollen.

Der Autor legt uns entgegen all unserer Skepsis und Vorurteile dar, daß die Insekten in Wahrheit eine hochwertige Proteinquelle sind, die in Hülle und Fülle vorhanden ist. Und seine Argumente sind überzeugend... Es ist an Ihnen, sie auf den spannenden Seiten dieses Buches zu entdecken.

Denken wir immer daran, daß »der Fortschritt stets aus einem neuartigen Gedanken entsteht«. Die Möglichkeit, Insekten zu essen, ist nun der neuartige Gedanke, der es kraft seiner ihm innewohnenden Intensität erlaubt, die fundamentale Frage nach der richtigen Ernährung aufzuwerfen. Sie als Leser müssen nun die Überlegungen anstellen, die Sie zu einer Antwort führen. Zu *Ihrer* Antwort. Doch eines ist sicher: Sie werden, wenn Sie dieses Buch gelesen haben, die moderne Ernährung und die Insekten nicht mehr mit denselben Augen und derselben Einstellung betrachten...

Les Editions Jouvence

Vorwort von Dr. Jean de Bonnefon

Als Bruno Comby mir vorschlug, für dieses Buch über Entomophagie* ein Vorwort zu schreiben, hielt ich das zunächst für einen Scherz. Aber es ist ja gerade die Eigenart eines jeden wissenschaftlich bestimmten Geistes, unsere Erkenntnisse in Frage zu stellen, um sowohl in der Theorie als auch in der praktischen Anwendung neue Entdeckungen zu machen. Was unsere Gesundheit betrifft, so ist es sicher nützlich, wenn wir unsere Lebensweise überdenken und von unseren kulturellen Tabus abrücken.

Nach einigem Nachdenken fand ich die Idee, Insekten zu essen, aus medizinischer Sicht gar nicht unsinnig. Wenn man an den Zustand unserer Erde denkt, ist sie vielleicht sogar genial.

Statt die Insekten als Plage anzusehen, die – insbesondere in den ärmsten Ländern – unsere Nahrungsreserven verschlingt, und statt zur Verschmutzung der gesamten Biokette auf der Erde beizutragen, indem wir sie mit chemischen Insektiziden bekämpfen, erscheint mir die Idee, sie als mögliche Nahrungsquelle zu nutzen, originell und sehr vernünftig. Übrigens kommt die Entomophagie in allen Schriften unserer Heiligen Bücher vor (Thora, Bibel und Koran), und Johannes der Täufer ernährte sich hauptsächlich von Heuschrecken.

Proteine sind die Bausteine für unser Zellgewebe. Diese Proteine sind entweder pflanzlicher oder tierischer Herkunft. Die pflanzlichen sind trotz ihrer Qualität nicht immer ganz assimilierbar, wenn nämlich die ergänzenden Aminosäuren fehlen. Ihre Umwandlung in tierische Proteine, die besser assimilierbar sind, erfolgt in den traditionellen Rinder- oder Schweinezuchtbetrieben, die jedoch keinen großen Ertrag aufweisen. Die Insekten sind viel zweckdienlichere Umwandler: hier ist der Ertrag dreimal so hoch. Und das gilt umso mehr, als bestimmte Insekten, wie beispielsweise die Grillen, Allesfresser sind und zum großen Teil mit Abfällen und verdorbenen Lebensmitteln gefüttert werden können, die für uns nicht mehr genießbar sind – man könnte eine echte Nahrungsökologie ins Auge fassen. Außerdem sind die Insekten zahlenmäßig fast unerschöpflich: vier Fünftel aller Tiere auf dem Erdball sind Insekten. Sie sind überall, und sogar in den unfruchtbarsten Gebieten, wie z. B. in der Sahara, können sie gezüchtet werden. Zudem vermehren sie sich sehr viel schneller als unser Nutzvieh.

Insekten sind ursprünglich Nahrungsbestandteil des Menschen sowie aller Primaten. In freier Natur essen alle Affen Insekten. Die Idee, daß auch wir Menschen welche essen könnten, ist demnach eine Möglichkeit, die man ernsthaft in Betracht ziehen sollte.

---

* Aus dem Griechischen: »entomos« bedeutet »Insekt« und »phagos« bedeutet »essen«.

In der Dritten Welt, die gegenwärtig nicht nur an allgemeiner Unterernährung, sondern speziell an Proteinmangel leidet, sind Insekten heute schon eine Nahrungsquelle, die nicht nur rentabel, sondern sogar unentbehrlich und unersetzlich ist.

Problem Nummer eins in der Welt ist nach wie vor der Hunger. Um dieses Problem zu lösen, darf kein Weg, darf kein Mittel außer acht gelassen werden. Wir Wissenschaftler, Ernährungsspezialisten, Mediziner und Ökologen, wir alle müssen gemeinsam nach neuen Nahrungsquellen suchen.

Meiner Ansicht nach darf die Idee des Verfassers weder medizinisch noch wissenschaftlich, ökonomisch oder moralisch als intellektuelle Spielerei abgetan werden – man sollte sie vielmehr als Anregung für ein neues, produktives Nachdenken über die Verwendbarkeit von Insekten in der menschlichen Ernährung betrachten.

Dr. Jean Devernoi de Bonnefon
Doktor der Medizin[**],
Ehemaliger Leiter der Klinik der Medizinischen Fakultät, Paris
(C.H.U. der »Pitié Salpétrière«-Klinik),
Gründungsmitglied der nationalen französischen Gesellschaft
der Naturheilkunde-Mediziner

Vorwort von Professor Giuseppe Della Beffa

Die entomologische Literatur umfaßt Tausende von Büchern, die die Wunder und die Merkwürdigkeiten der Insektenwelt beschreiben. Zahlreiche Werke schildern das Sozialleben, die erstaunliche Widerstandsfähigkeit und die in manchen Fällen einzigartigen Vermehrungseigenschaften dieser Tiere. Diese Werke veranschaulichen die wichtige Rolle, die die Insekten in der Geschichte, in den Legenden und den Religionen stets gespielt haben, doch es fehlte noch ein Buch, das sich mit den Insekten als Nahrungsmittel befaßt. Dieses Thema ist von äußerster Wichtigkeit, denn Tausende von Forschern in der ganzen Welt sind ständig auf der Suche nach alternativen Proteinquellen, um den Nahrungsbedarf der Hälfte der Weltbevölkerung befriedigen zu können, die an Proteinmangel leidet.

Dieses Buch stützt sich auf eine umfangreiche Bibliographie und ganz besonders auf die Forschungsarbeiten und die unmittelbaren Erfahrungen des Verfassers; es

---

[**] Autor des Buches »Notfälle – was ist zu tun?«
Preis der medizinischen Pädagogik, M.E.D.E.C.

erzählt von Völkern in Amerika, in Asien oder Australien, ja sogar in Europa, die bis auf den heutigen Tag Insekten essen, und zwar nicht aus Not, sondern weil sie eine begehrte und beliebte Nahrungsquelle von kulinarischen Qualitäten und hohem Nährwert darstellen.

Zuerst analysiert der Autor den Nährwert der Insekten und stellt heraus, daß sie in der Natur in Hülle und Fülle vorkommen und sich in Gefangenschaft einfach und kostengünstig fortpflanzen und vermehren. Dann wirft er die Frage auf, ob auch der zeitgenössische, technologiebestimmte Mensch des Westens noch Insekten essen könnte. Auf den ersten Blick ist dieser Vorschlag verblüffend, aber er kann uns nicht gleichgültig lassen. Der Autor beweist auf glänzende Art und Weise, daß man die Verwendung von Insekten als Nahrungsquelle in der heutigen Zeit sowohl vom Standpunkt der Wissenschaft als auch von dem der Zweckmäßigkeit durchaus ins Auge fassen kann.

Essen wir nicht Schnecken und Schalentiere (und das roh!)? Und warum dann keine Insekten? Warum sollte es widerlicher sein, Grillen zu schlucken als Krabben? Viele widerliche und sonderbare Nahrungsmittel gelangen in verarbeiteter, veränderter, zubereiteter Form auf unseren Tisch und gelten und als echte Delikatessen.

Da wir doch wissen, daß die Insekten Jahr für Jahr einen beträchtlichen Teil unserer Ernten wegfressen, warum sollten wir sie, statt sie mit Insektiziden zu vergiften, nicht einfach essen? Der Mensch würde auf diese Weise mit den vielen insektenvertilgenden Tieren zusammenarbeiten (Vögel, Maulwurf etc.), um den Bestand einer Tierkategorie zu reduzieren, die im Übermaß vorhanden und manchmal bedrohlich für unsere Ernten ist.

Das Werk gliedert sich in zwei Teile: im ersten Teil berichtet der Autor über gewisse »sonderbare« Ernährungsgewohnheiten, um anschließend diese eßbaren Insektenarten zu analysieren und eine Schätzung ihres Proteingehalts anzugeben. Im zweiten Teil gibt er uns ausführliche Anleitungen zum Aufbau einer Grillenzucht für den Hausgebrauch. Schließlich stellt er uns noch etliche Kochrezepte auf Insektenbasis vor.

Abschließend muß deutlich gesagt werden, daß dieses Buch nicht nur ein wissenschaftliches oder technisches Werk ist, sondern sich vor allem als überzeugender Vorschlag erweist, der hervorragend mit der gegenwärtigen Wandlung der Lebensanschauungen harmoniert, die von einer Stärkung der ökologischen Werte und von der Rückkehr zur Natur geprägt ist, wozu auch die Suche nach gesunden, alternativen Nahrungsmitteln gehört.

Prof. Giuseppe Della Beffa, Turin, Italien
Entomologe* und Forschungsdirektor der Universität Turin, Italien

---

* Insektenforscher

Reaktionen bekannter Persönlichkeiten auf das Buch »Délicieux insectes« (»Köstliche Insekten«)

Albert Jacquard, Professor für Genetik an der Universität Genf: »Auf unserer Erde muß sich alles ändern. Vielleicht sollten wir bei unserer Ernährung beginnen? Bruno Comby zeigt uns eine neue Nahrungsquelle: die Insekten.«

Prof. Abrams, amerikanischer Paläontologe und Ernährungsforscher der Universität von New Jersey, USA: »Garnelen essen wir mit Vergnügen, doch von Heuschrecken wollen wir nichts wissen, die für Australiens Aborigines wiederum ein Leckerbissen sind. Wir essen so, wie wir es gewöhnt sind.«

Jacques Chirac, ehemaliger französischer Premierminister, Bürgermeister von Paris: »Bruno Combys Anleitungen zu einem besseren Leben werde ich nicht vergessen; besonders gern aber denke ich an seine köstlichen, auf Insektenbasis zubereiteten Speisen.«

Das Proteinproblem und die alternativen Proteinquellen

»In keiner Epoche der Menschheitsgeschichte waren Defizite auf dem Gebiet der Ernährung so verbreitet wie heute. Man schätzt, daß auf unserem Planeten eine halbe Milliarde Menschen an Unterernährung leidet. Und das Nahrungsproblem wird sich noch weiter verschärfen, wenn die Weltbevölkerung in 25 Jahren von 4 Milliarden auf mehr als 7 Milliarden angewachsen sein wird.«

Pimentel und Mitarbeiter, Cornell Universität, New York

»Um uns herum gibt es Insektenproteine in Hülle und Fülle. Man hat festgestellt, daß diese Proteine einen hohen Ernährungswert haben (...).«

Defoliart, Forscher an der Entomologie-Abteilung der Universität von Wisconsin, USA

Für das Wachstum und die Erneuerung menschlichen Körpergewebes sind Proteine unverzichtbar. Der Körper kann keine Proteine aus anderen Nahrungsstoffen herstellen, sondern lediglich ein Protein in ein anderes umformen. Tag für Tag muß also mit der Nahrung eine bestimmte Proteinmenge aufgenommen werden, damit die Gesundheit eines jeden Menschen sichergestellt ist.

Multipliziert man den Proteinbedarf einer Einzelperson mit den fünf Milliarden Bewohnern, die unsere Erde jetzt hat, so erhält man die Proteinmenge, die nötig ist, um weltweit alle Menschen damit zu versorgen. Schon heute ist der Bedarf der Weltbevölkerung bei weitem nicht gedeckt. Es gibt, global betrachtet, einen beträchtlichen Mangel an Proteinen, und Jahr für Jahr sterben daran Millionen von Menschen. Diese Situation wird sich extrem verschärfen, denn die Weltbevölkerung wächst unaufhaltsam weiter.

Die proteinreichsten Nahrungsmittel sind Fleisch, Fisch und Eier; das sind die »tierischen« Eiweiße. Sie sind leicht assimilierbar und verdaulich, außerdem qualitativ hochwertig. Aber sie sind auch mit drei Nachteilen behaftet: sie sind teuer in der Produktion, der Nutzeffekt ist gering (eine Kuh muß ca. zehn Kilogramm pflanzlicher Proteine aufnehmen, um daraus ein Kilogramm tierisches Protein zu bilden), und ein übermäßiger Genuß von tierischen Eiweißen kann der Gesundheit abträglich sein.

Es gibt auch Proteine pflanzlicher Herkunft. Sie kommen z. B. im Getreide vor (in Weizen, Reis, Gerste, Hafer etc.), in Hülsenfrüchten (Linsen, Kichererbsen etc.) und in Ölfrüchten (Wal- und Haselnüssen, Mandeln etc.). Die pflanzlichen Eiweiße sind leichter und billiger zu produzieren als die tierischen, und sie bringen größere Erträge; aber der Organismus kann sie nicht so gut assimilieren, am besten noch in bestimmter Zusammenstellung verschiedener pflanzlicher oder in Verbindung mit anderen Proteinen.

Geringe Eiweißmengen kommen auch in Früchten und Gemüsen vor, doch wenn man die Gesamtproteinzufuhr zugrundelegt, können die Proteine aus Früchten oder Gemüsen nur von zweitrangiger Bedeutung sein.

Obwohl es nicht so bekannt ist, sind schließlich auch Insekten reich an Proteinen von hervorragender Ernährungsqualität: Sie sind leicht assimilierbar und auf einfache und preiswerte Weise zu produzieren; ihr Ertrag ist größer als der anderer tierischer Proteine.

Die entscheidende Frage ist: Wie sollen wir unseren Proteinbedarf decken? Sollen wir hauptsächlich Fleisch essen? Oder lieber Fisch? Oder vielleicht Insekten? Oder doch eher pflanzliche Proteine? Können Insekten das Fleisch ersetzen? Und in welcher Größenordnung? Die Antworten auf diese Fragen müssen einerseits die Gesundheit der Menschen im Blick haben und andererseits den vernünftigen Umgang mit den Ressourcen unseres Planeten.

Es kann auf diese Fragen nicht nur eine gültige Antwort geben, denn das Proteinproblem in der menschlichen Ernährung kann auf ganz verschiedenen Wegen angegangen werden.

Ernährungswissenschaftler empfehlen, den Fleischkonsum einzuschränken, weil hier ein Zuviel schädlich sein kann, dennoch aber eine vernünftige Menge an Fisch und anderen tierischen Eiweißen zu sich zu nehmen, weil die leichter zu assimilieren sind als pflanzliche.

Die Ernährungsspezialisten der Dritten Welt gehen das Proteinproblem vom Gesichtspunkt der Produktion her an: etwa ein Viertel der Weltbevölkerung leidet an Proteinmangel. Die Viehzucht bringt verhältnismäßig geringe Erträge und ist – global gesehen – eine ungeheure Proteinverschwendung. Wenn die Proteinquellen auf der Erde gerechter verteilt wären und wir weniger tierische, dafür aber mehr pflanzliche Eiweiße konsumierten, dann gäbe es genug, um alle Menschen auf der Erde satt zu machen. Dieser Ansatzpunkt der Dritten Welt ist interessant, doch würde die praktische Umsetzung einer Politik, die den Verzehr von pflanzlichen Proteinen propagiert, wirtschaftliche sowie Verteilungs- und Informationsprobleme aufwerfen, die schwierig zu lösen wären. In einer Hinsicht jedoch haben die Vertreter der Dritten Welt ganz sicher recht: das Proteinproblem muß auch im Zusammenhang mit einer verantwortungsvollen Verwaltung der Ressourcen unseres Planeten erforscht und neu durchdacht werden.

Das Nahrungsmittel, das in der Öffentlichkeit traditionell als Synonym für Proteine stand, war das Fleisch, und in dem Maße, wie unser Lebensstandard stieg, haben wir davon immer mehr gegessen. Heute sind sich die Ernährungswissenschaftler und die Vertreter der Dritten Welt in einem Punkt einig: wir müssen unseren Fleischkonsum einschränken. Wenn wir uns alternativen Proteinquellen zuwenden, dann tun wir etwas für unsere Gesundheit und für unseren Geldbeutel, und außerdem wird dadurch, global gesehen, eine bessere Verwaltung der Proteinressourcen auf unserem Planeten ermöglicht.

Wenn man seine Ernährung hinsichtlich der Eiweißzufuhr verbessern will, so muß man als erstes den Anteil der pflanzlichen Proteine vergrößern und weniger Fleisch, dafür aber um so mehr Getreide, Hülsenfrüchte und Wal-, Haselnüsse, Mandeln etc. zu sich nehmen.

Es besteht überhaupt keine Notwendigkeit, jeden Tag Fleisch zu essen. Im Gegenteil, der tägliche Genuß von Fleisch kann sogar schädlich sein. Es genügt vollkommen, einmal in der Woche Fleisch und zwei- oder dreimal pro Woche Fisch oder Eier zu essen, wenn gleichzeitig die Zufuhr von pflanzlichen Eiweißen erhöht wird.

Unter den alternativen Proteinquellen sind hauptsächlich die Sojabohne und verschiedene Getreidekeimlinge zu nennen. Pflanzenkeime sind reich an Proteinen und Vitaminen, gut verdaulich und leicht zu produzieren; sie könnten also auf lange Sicht erheblich zur Verringerung des Fleischverzehrs beitragen.

Auch die Insekten sind eine mögliche Quelle alternativer Proteine. Was weiß man über die Insekten? Einige wissenschaftliche Forschungsprojekte (siehe dazu das umfangreiche Literaturverzeichnis am Ende des Buches) haben ihr Augenmerk schon seit einigen Jahrzehnten auf die Insekten als Proteinquelle für die menschliche Ernährung gerichtet.

Alle diese Untersuchungen zeigen, daß

1. Insekten eine Quelle für Proteine von guter Qualität (leicht assimilierbar) sind;

2. Insekten von Völkern, bei denen sie Bestandteil der Nahrung waren oder sind, als Delikatesse betrachtet werden;

3. Insekten eine natürliche Nahrungsquelle darstellen, die im Überfluß vorhanden und leicht auszubeuten ist;

4. die industrielle Produktion von Insekten wirtschaftlich effizient ist und einen guten Ertrag erzielt.

Die Insekten können also neben Soja, Getreidekeimlingen und anderen alternativen Proteinquellen einen wichtigen Beitrag leisten, um das Problem des Hungers und des Proteinmangels weltweit zu lösen.

Die wissenschaftliche Insektenforschung sollte in dieser Richtung weiterverfolgt werden.

Für die breite Öffentlichkeit gibt es auf der ganzen Welt zur Zeit keinerlei Information darüber, von welchem Interesse die Insekten für die menschliche Ernährung sein können. Dieses Buch wendet sich an alle, die sich für die Ernährung interessieren, für Besonderheiten auf diesem Gebiet und für die brennenden Probleme der Menschheit.

»Die Insekten sind so reich an Proteinen, Lipiden und Kalorien, daß man die Menschen dazu ermutigen sollte, sie in ihre Nahrung einzubeziehen, besonders aber diejenigen, die an Proteinmangel leiden. In einem Land wie dem unseren, wo der größte Teil der Bevölkerung an Unterernährung und an Proteinmangel leidet, könnten die Insekten das preiswerteste Protein tierischer Herkunft liefern und Fisch und Fleisch ersetzen, die zwar proteinreich sind, die die Bevölkerung aber nicht kaufen kann, weil sie zu teuer sind.«

Gope, Wissenschaftler am Insektenforschungslabor der Universität von Manipur in Indien

Seltsame Eßgewohnheiten in aller Welt

»Die Larven von Schmetterlingen sind für Kenner eine ebensolche Delikatesse wie Kaviar, Schnecken oder Trüffel für den europäischen Feinschmecker.«

Owen

»Alles ist relativ.«

Einstein

Die Idee, Insekten zu essen, erscheint etwas sonderbar für eine Gesellschaft, in der keine gegessen werden. Bevor wir zum Kern der Sache kommen, sollten wir uns darüber klar werden, daß alles, was die Wahrnehmung von Geschmack oder Geruch betrifft, eng mit dem kulturellen Umfeld verbunden ist, in dem man lebt.

Die Ernährungsgewohnheiten der Völker sind sehr unterschiedlich. Die Chinesen essen nicht wie die Europäer, die Araber nicht wie die Amerikaner. Selbst in ein und demselben Land gibt es unterschiedliche Ernährungsweisen. In Frankreich wird beispielsweise in der Bretagne viel gesalzene Butter gegessen, in anderen Regionen des Landes aber nicht. Außerdem verändern sich die Ernährungsgewohnheiten im Laufe der Zeit. Früher waren die Insekten für Europäer ebenso wie für die meisten Naturvölker Bestandteil der Nahrung. Nahrungsmittel und Rezepte, die bei uns häufig verwendet werden, kommen anderen Kulturen barbarisch vor. In Frankreich gehört es zu jeder guten Mahlzeit, daß vor dem Dessert eine Auswahl verschiedener Käsesorten angeboten wird. In Südostasien jedoch, und hier besonders in Indonesien und auf den Philippinen, wird so gut wie nie Käse gegessen, denn er gilt als ausgesprochen ekelerregend, und man hält es dort für vulgär, welchen zu essen. Die Asiaten, die es gewöhnt sind, Insekten zu konsumieren, würden bei der Vorstellung, sie sollten Käse essen, vor Entsetzen erbleichen, genauso wie es Ihnen bei dem

Gedanken ergehen mag, daß Sie möglicherweise Insekten essen sollen. Ich erinnere mich zum Beispiel daran, wie ich eines Tages bei einer Reise auf die Antillen zum Gegenstand besonderer Aufmerksamkeit wurde, als ich auf einem Markt ein Kilo Tomaten kaufte und vor aller Augen begann, sie gierig zu verzehren, weil ich seit zwei Tagen nichts mehr gegessen hatte. Ein ganzer Frauenschwarm kam zeternd herbeigelaufen, um mir beim Tomatenessen zuzusehen. Von allen Seiten hagelten Kommentare auf mich ein: In dieser Region war es üblich, Tomaten nicht roh, sondern ausschließlich gekocht zu essen. Rohe Tomaten hielt man in diesem Dorf sogar für giftig. Der ganz einfache, für uns alltägliche Vorgang – das Essen einer Tomate – wirkte in diesem Dorf unglaublich, barbarisch, auf jeden Fall befremdlich und sogar gefährlich. Die Bäuerinnen warnten mich natürlich, ich sollte doch nicht giftige rohe Tomaten essen, aber ich habe zu ihrem großen Erstaunen mein Kilo Tomaten ruhigen Gewissens aufgegessen.

Da fällt mir noch eine andere, ähnliche Begebenheit ein, die sich vor einigen Jahren in Paris zutrug. Wir waren im Freundeskreis im Theater gewesen und gingen danach zu einem von uns, um noch eine Kleinigkeit zu essen. Wir hatten einen amerikanischen Freund bei uns, der zum ersten Mal in Frankreich war. Während die anderen sich an den reichgedeckten Tisch begaben, begnügte ich mich mit dem Obstkorb. Unser Amerikaner sah mir völlig verblüfft zu, wie ich eine Zitrone schälte: »You are not going to eat that?«, »Du wirst das doch wohl nicht essen?«, sagte er voller Abscheu zu mir. »Of course I will, I love lemon. It's delicious, very refreshing and rich in vitamins.« »Aber natürlich, ich liebe Zitronen. Sie sind köstlich, erfrischend und reich an Vitaminen.« Er wollte mir nicht glauben, bis ich vor seinen verwunderten Augen die ganze Zitrone wirklich aufgegessen hatte! Später habe ich den Grund für seine Fassungslosigkeit erfahren: er selbst hatte in seinem Garten in den USA Zitronenbäume, die in jedem Jahr

Tausende von Zitronen hervorbrachten, doch er hatte nicht gewußt, daß man diese Früchte essen konnte. Er hatte Angst vor Mikroben und hatte niemals eine gegessen. Er kannte das Wort »Zitrone« (auf Englisch »lemon«) sehr wohl, hatte aber nicht gewußt, daß die Früchte in seinem Garten welche waren. Für ihn war »lemon« die Bezeichnung eines Aromas für Eiscremes und Erfrischungsgetränke. Da der zivilisierte Mensch in einer ganz und gar künstlichen Welt lebt, kennt er die einfachen, natürlichen Dinge nicht mehr! Eine Frucht zu essen, ist für die meisten von uns etwas Selbstverständliches, doch für unseren Freund war das nahezu unbegreiflich, fast schon ein Unding. Denn was uns ganz natürlich vorkommt, ist es nicht zwangsläufig für jeden. Dieser Satz läßt sich auch umkehren:

Viele Ernährungsgewohnheiten, die uns merkwürdig erscheinen, gelten andernorts als völlig normal.

Die Eskimos beispielsweise aßen Fleisch von alters her in einem Zustand fortgeschrittener Verwesung, was jeden unserer Ernährungswissenschaftler umgehauen hätte.

Mittlerweile hat die junge Eskimogeneration die westliche Lebensweise übernommen und findet diese Praktiken nun auch barbarisch. Doch noch vor einigen Jahrzehnten gruben die traditionsgemäß lebenden Eskimos Seehunde einige Wochen lang ein, bis sie verfault waren, und aßen sie dann mit Genuß, denn ein »alter Seehund« war ihnen lieber als ein frischer. In diese Vorstellungswelt gehört die Auffassung der traditionellen indianischen Medizin, daß es sehr gesund ist, jeden Morgen ein Glas Eigenurin zu trinken. Kenner der Materie behaupten, daß der Geschmack einfach köstlich ist! Dieser Brauch dürfte jedoch in unseren Breiten kaum Aussicht auf Erfolg haben.

Diese kleinen Anekdoten zeigen, daß die Geschmackswahrnehmung relativ und vom kulturellen Umfeld geprägt ist und daß sie sich im Laufe der Zeit auch verändern kann. Es gibt Gewohnheiten, die vor einigen Jahren noch undenkbar gewesen wären, die dann aber ganz schnell, besonders wenn die Mode mitmischt, völlig alltäglich werden. Wer hätte vor fünfzehn Jahren geglaubt, daß Frankreich, das Land der hervorragenden Gastronomie und das Reich des Baguettes und Camemberts vom Fast food überrollt werden könnte? Wer hätte vor zwanzig Jahren vorhersehen können, daß der Hotdog und der Hamburger für den Großstadtfranzosen das tägliche Brot werden würde?

Der Geschmackssinn ist anders als beispielsweise der Gesichtssinn. Letzterer ist insofern ein objektiver Sinn, als zwei Personen, die eine und dieselbe Form betrachten, auch eine und dieselbe Form sehen. Wenn ich einen weißen Wagen sehe, der vor einem Haus parkt, so sieht mein Nachbar von meinem Platz aus dasselbe. Auf eben diese Art sehen zwei Personen, die dasselbe Buch lesen, denselben Text und dieselben Buchstaben. Man kann die Objektivität des Gesichtssinns sogar wissenschaftlich nachweisen, indem man einer Personengruppe ein Foto zeigt und sie dann auffordert, jeder für sich das Gesehene zu zeichnen. Alle werden in etwa wiedergeben, was auf dem Foto zu sehen war. Das gilt nicht für den Geschmack oder den Geruch von Nahrungsmitteln, denn diese Sinne sind nicht objektiv, sie sind subjektiv. Wenn Sie einer Personengruppe einen neuen Duft vorstellen und dann jeden einzelnen auffordern zu beschreiben, wie er diesen Duft empfindet, so werden die Resultate völlig unterschiedlich sein: der eine wird ihn widerlich finden, der zweite angenehm, während ein dritter überhaupt nichts gerochen haben wird. Man kann diese größtenteils subjektiven Sinne – den Geschmackssinn und den Geruchssinn – durchaus erziehen und weiterentwickeln. Das tun zum Beispiel die Weinkoster, die ganz feine Unterschiede in Düften feststellen können, bei denen jeder andere lediglich einen schwachen Weingeruch wahrnehmen würde.

Wie der Geschmack ein und desselben Produkts wahrgenommen wird, kann je nach Person, Ernährungsgewohnheiten, nach sozialen und kulturellen Bedingungen und nach den persönlichen Überzeugungen des einzelnen völlig unterschiedlich sein.

Spektakuläre Beweise, die dies eindeutig belegen, werden von Personen, die sich in tiefer Hypnose befinden, geliefert: versuchen Sie beispielsweise, ohne Hypnose rohen Lauch oder eine rohe Kartoffel zu essen. Bestimmt wird der Lauch Sie empfindlich in die Zunge beißen, und die Kartoffel wird Ihnen so rauh vorkommen, daß Sie sie nicht werden kauen können. Suggerieren Sie aber einer Person, die unter Hypnose steht, sie sei sehr durstig, befinde sich in der Wüste und habe seit zwei Tagen weder gegessen noch getrunken, nun aber sei sie in einer Oase mit köstlichen, erfrischenden exotischen Früchten. Halten Sie der Versuchsperson dabei eine Lauchzwiebel hin, und sie wird sie in dem Glauben, es sei eine exotische Frucht, nehmen und ganz und gar aufessen, wobei sie den Eindruck haben wird, sie verspeise eine köstliche, süße exotische Frucht. Das beweist, daß unsere Geschmackswahrnehmung bis zu einem gewissen Grad von unseren Lebensumständen abhängt, das heißt von unseren Gewohnheiten und von dem kulturellen Umfeld, in dem wir aufgewachsen sind.

Die meisten Europäer reagieren mit Ekel auf die Vorstellung, sie sollten Insekten essen. Das ist aber nicht immer so gewesen, und dieser Ekel existiert, wie wir noch sehen werden, nur im Kopf. Wir leben in einem Jahrhundert der Befreiung, der Öffnung. Wir sollten auch unsere Tabus, die mit der Ernährung zusammenhängen, überdenken.

Wir essen Innereien, Nieren oder tierische Hoden, warum nicht auch Larven oder Raupen? Schließlich ist es nicht ungewöhnlicher, Insekten zu essen als Froschschenkel oder Schnecken!

Für manche von Ihnen wird noch ein zweites Tabu zu überwinden sein, wenn ich nämlich vorschlage, die Insekten roh zu essen. Aber wiederum: essen wir nicht auch Krustentiere oder Garnelen roh?

Weshalb sollte es ekelerregender sein, rohe Heuschrecken zu essen als rohe Austern oder rohe Krabben? Alles ist eine Frage der Offenheit des Geistes, und wenn Sie neuen Ideen gegenüber aufgeschlossen sind, dann können Sie eine ganz neue gastronomische Welt entdecken.

Insekten sind eine Nahrungsspezies von großer Vielfalt und besonders delikat und fein im Geschmack. Das werden wir gemeinsam entdecken...

»In zahlreichen Regionen der Erde sind Insekten ein beliebtes Nahrungsmittel. Sie werden als Larven oder in ihrem Endzustand gegessen, roh oder gegart, ganz oder in Stücken. Im allgemeinen werden sie in freier Natur gesammelt. In einigen Ländern hat es Versuche gegeben, sie zu züchten (...). Wenn eine gute Insektenart gewählt wird und diese Insekten adäquat ernährt werden, können sie samt Verdauungssystem und dessen Inhalt ganz verzehrt werden.«

Robert Kok

Unglaublich, aber wahr:
Ein Wissenschaftler, der Insekten ißt...

»Die Menschen sind einfachen Ideen gegenüber wie Maulwürfe gegenüber dem Licht: sie sind blind.«

Aristoteles

Verehrte Leserinnen und Leser,
die meisten Europäer und Amerikaner ernähren sich auf die Schnelle mit Hamburgern, Hot dogs, Fritten, Wein und Bier und wissen nicht einmal mehr, daß man Insekten essen kann! Am Ende des 20. Jahrhunderts sind wir auf dramatische Weise von unseren Wurzeln abgeschnitten und unfähig zu erkennen, was aus der Natur am besten für uns geeignet ist. Dieses Buch hofft, diese Lücke schließen zu können – zumindest was die Insekten betrifft. Aber möglicherweise beschäftigen Sie ja jetzt schon viele Fragen: »Wie kann ein Wissenschaftler nur Insekten essen und auch noch ein Buch darüber schreiben?« Wenn Sie mir vor zehn Jahren gesagt hätten, daß ich eines Tages ein Buch über die Art des Insektenessens schreiben würde, dann hätte ich Ihnen nicht geglaubt. Weshalb? Aus zwei Gründen: zuerst einmal, weil ich, ausschließlich auf die Wissenschaft konzentriert, ein sehr beschäftigter, ständig unter Zeitdruck stehender Mann war und mich nur für ernsthafte Dinge interessierte: für Mathematik, Informatik etc. Ich hatte folglich keine Zeit, mich mit Dingen zu beschäftigen, die für mich damals unwichtig oder lediglich von folkloristischem Interesse waren wie die Ernährung oder die Insekten. Diese Themen werden auch heute noch von vielen Wissenschaftlern zu Unrecht mit Geringschätzung betrachtet und außer acht gelassen. Zum zweiten war ich durch nichts dafür prädestiniert, ein Buch zu schreiben, zumal ich während meiner ganzen Schulzeit das Aufsatzschreiben

verabscheut habe. Ich habe dieses Handikap überwunden, und
heute kann ich mich aus dem einfachen Grund leichter aus-
drücken, daß ich meinen Zeitgenossen eine Botschaft übermitteln
will: »In uns ist mehr.« Ja, wir können besser leben, wenn wir
anders leben, anders denken, anders handeln und anders essen.

Vor zehn Jahren hätte ich bei der Vorstellung, Insekten zu essen,
ein ebenso starkes Ekelgefühl verspürt wie Sie zweifellos heute. Ich
hätte höchstens eingeräumt, daß gewisse Naturvölker in Unkennt-
nis der modernen Kochkunst irgendwelche Insekten essen, doch
ich hätte mich niemals getraut, selbst welche zu essen!

Es besteht kein Widerspruch zwischen der wissenschaftlichen
Ausbildung, die ich absolviert habe, und den Forschungen, die ich
zur Zeit über Ernährung und Lebensweise durchführe. Bei jeder
wissenschaftlichen Unternehmung müssen notwendigerweise
Hypothesen aufgestellt werden, die dann zu beweisen sind. Es ist
absolut vernünftig und sogar Teil einer wissenschaftlichen Untersuchung, die Hypothese aufzustellen, »daß der Mensch genetisch
dafür angelegt ist, Insekten zu essen.«

»Der moderne Mensch ist dem Affen noch sehr nahe, denn die
menschliche Genetik entwickelt sich nur sehr langsam weiter;
daher müßte seine Nahrung wahrscheinlich einen beträchtlichen Anteil an Insekten enthalten, ebenso wie es bei den anderen Primaten der Fall ist.«

Diese Hypothese wird im Zusammenhang mit der »Theorie vom
Menschen, der zu den Affen gehört« noch näher ausgeführt. Die
Hypothese, daß der Mensch angelegt ist, Insekten zu essen, ist ein
spezieller Teil einer allgemeineren Hypothese, die Guy-Claude
Burger vor etwa zwanzig Jahren aufgestellt hat: die »Hypothese,
daß der Mensch genetisch für ursprüngliche Nahrungsmittel angelegt ist«, von der später die Rede sein wird.

Das Ziel meiner Untersuchung über Lebensweise und Ernährung

ist das gleiche wie das jeder wissenschaftlichen Tätigkeit und Forschung: das Leben des Menschen, im Rahmen meiner Möglichkeiten, zu bereichern, ihm ein »Mehr« zu geben.

Früher glaubte ich, wie die meisten Wissenschaftler, das Glück der Menschheit könnte durch den technischen Fortschritt erreicht werden. Man hofft stets, daß das Glück morgen da sein wird: dank der Computer muß der Mensch nicht mehr arbeiten und hat Zeit zu reisen und für seine Hobbys. Dank der Medizin sind der Krebs und alle übrigen Krankheiten besiegt. Dank der Anhebung des Lebensstandards und der Verbesserung der Produktionsmethoden gibt es keine Armut mehr, wir verfügen über mehr Freizeit... Ich nenne das den »Fortschrittsmythos«. Kurz gesagt: morgen wird dank der Fortschritte der Wissenschaft alles besser. Eine hübsche Fata Morgana, diese ideale Technologiegesellschaft. Doch leider ist da auch die Kehrseite der Medaille: die Zunahme der Herz- und Gefäßkrankheiten, die Schlaflosigkeit, die nervösen Depressionen, die Arbeitslosigkeit, der Streß, die Umweltverschmutzung, die Ausplünderung der Rohstoffquellen unseres Planeten...

Ich leugne die Bedeutung des technischen Fortschritts nicht: es ist großartig, daß man mit dem anderen Ende der Welt telefonieren oder das Flugzeug nehmen kann, um morgen in New York und übermorgen im Dschungel von Borneo zu sein... Der technische Fortschritt hat seinen Nutzen, aber heutzutage ist es doch offensichtlich, daß die besonderen Anstrengungen, die unternommen werden müssen, um die Lebensbedingungen der Menschen zu verbessern, nicht mehr technischer Natur sind, sondern Veränderungen im Verhalten des einzelnen erfordern. Die großen Leiden der Menschheit und die großen Herausforderungen, die am Ende des 20. Jahrhunderts bewältigt werden müssen, sind vor allem das Hungerproblem, der Mißbrauch der Technik (Bomben, Kriege, Umweltverschmutzung), die Überbevölkerung, die Aggressivität, der Streß, das Rauchen, die Unterernährung in den armen Län-

dern und die völlig ungeeignete Ernährung in den Industrieländern.

1986 habe ich über mein Leben und die Ziele, die ich erreichen
wollte, Bilanz gezogen; ich war ausgebildeter Ingenieur, Nuklear-
spezialist und war beim EDF beschäftigt. Ich hatte eine gute Stellung und ein gutes Gehalt auf Lebenszeit. Aber meine Neigung
ging in eine andere Richtung: ich wollte meinen Zeitgenossen helfen, besser zu leben, sich selbst und unsere Erde zu respektieren,
sich besser zu ernähren, mit dem Rauchen aufzuhören, ihr Verhalten zu ändern, um vernünftiger und in größerer Übereinstim-
mung mit der Natur zu leben. Da habe ich meine Stellung aufgege-
ben, um zu reisen, das menschliche Verhalten zu beobachten und
– um meine Bücher zu schreiben.

In meinem ersten Buch habe ich das Problem der Nikotinvergiftung behandelt, um den Rauchern, die es wollen, eine Hilfe an die
Hand zu geben, wie sie vom Tabak loskommen können, denn das
Rauchen ist eine der wichtigsten Ursachen für Krankheiten und
sicher am leichtesten zu bekämpfen. Für dieses Ziel arbeite ich
auch im Nationalen Komitee gegen die Nikotinvergiftung, dessen
Geschäftsführer ich bin.

In meinem zweiten Buch habe ich mich dem Hauptübel unseres
Jahrhunderts zugewendet: dem Streß. Darin habe ich eine Vielzahl
von einfachen, natürlichen und verhältnismäßig preisgünstigen
Mitteln aufgezeigt, die zu einem streßfreieren Leben verhelfen
können. Später habe ich übrigens gemeinsam mit Burger einen
Apparat zur Streßmessung entwickelt, das »Stressometer«, das erste
Meßgerät, das den genauen Grad der Nervosität anzeigt und dabei
Heftigkeit und Stärke des nervösen Zitterns als Ausgangsbasis
nimmt. Dieser Apparat, der demnächst der breiten Öffentlichkeit
vorgestellt wird, macht es jedem möglich, den eigenen Streßwert
zu messen und festzustellen, wie gut eine natürliche Ernährung
und der Verzicht auf Tabak, Kaffee etc. tut.

Danach richtete sich mein Interesse auf das Gebiet, das die Grundlage der Gesundheit ist: die Ernährung. Ich habe viel darüber gelesen und an mir selbst verschiedene Ernährungsweisen ausprobiert, und schließlich habe ich mich den Anschauungen von Guy-Claude Burger angeschlossen. Die ideale Ernährung scheint auch für den modernen Menschen immer noch die des Paläolithikums (Altsteinzeit) zu sein, in dem die Nahrungsmittel in ihrer ursprünglichen Form verzehrt wurden. Ich habe einige Jahre meines Lebens damit verbracht, gemeinsam mit Burger Untersuchungen über die Vorteile einer 100%ig natürlichen Ernährung anzustellen. Eine vernünftige Ernährung ist die Voraussetzung für eine gute Gesundheit und ermöglicht die Vorbeugung und zum Teil auch Heilung zahlreicher, selbst schlimmer Krankheiten. Seit 1986 gilt mein besonderes Interesse einer sehr ernsten Krankheit, AIDS, bei der eine 100%ig natürliche Ernährung sehr positive Resultate erzielt. Schimpansen und grüne Meerkatzen tragen den AIDS-Virus in sich, doch sie erkranken nicht... Mein drittes Buch »Nature contre sida« (»Mit der Natur gegen AIDS«) zeigt auf, wie der Verzehr von denaturierten Nahrungsmitteln bei Mensch und Tier das Auftreten von Symptomen infektiöser Krankheiten nach sich zieht.

Das Buch, das Sie in der Hand halten, ist das vierte, das ich veröffentliche. Ich halte diese Arbeit über die Insekten für besonders wichtig, denn es schließt eine erhebliche Lücke im heutigen Wissen über die menschliche Ernährung.

Obwohl die Sache nicht leicht zu beweisen sein wird, bin ich der festen Überzeugung, daß die Tatsache, daß keine Insekten gegessen werden, nicht ohne Folgen für die Gesundheit des modernen Menschen ist; dagegen würde die Wiederaufnahme der Insekten als Bestandteil unserer Ernährung neben dem kulinarischen Gewinn und der Hilfe im Kampf gegen den Hunger in den armen Ländern auch positive Auswirkungen auf unsere Gesundheit haben.

Das wäre das Fundament einer »Insektentherapie«. – Posey, ein brasilianischer Forscher auf dem Gebiet der Ethnobiologie, weist übrigens darauf hin, daß die Eingeborenen Brasiliens Insekten oft zu medizinischen Zwecken verwenden. Termiten werden beispielsweise bei einigen Stämmen zur Behandlung von Bronchitis, Verstopfung, Rheuma und Geschwüren benutzt. In der Medizin der Kayapo-Indianer spielen Bienen eine wichtige Rolle. Verschiedene Honigsorten haben therapeutische Wirkungen, ebenso wie die Pollen und die Bienenlarven. Stiche von Ameisen und Bienen können, so scheint es, sogar die zur Invalidität führende Arthritis und bestimmte Arten von Blindheit heilen (Posey, 1987). Das alles müßte wissenschaftlich überprüft werden, aber es ist sehr wahrscheinlich, daß bestimmte Stoffe, die in den genießbaren Insekten enthalten sind oder die manche Insekten durch Stiche weitergeben, unsere Gesundheit günstig beeinflussen können, während Stiche von anderen Insekten schädlich oder sogar giftig sein können.

Doch kehren wir zu unseren Insekten zurück... Ich erzähle Ihnen jetzt, wie ich dazu gekommen bin, sie zum ersten Mal zu probieren: seit mehreren Jahren schon war ich auf der Suche nach dem, wie ich ihn nennen möchte, »optimalen Menschen«, das heißt, ich suchte nach einfachen Mitteln, um aus dem modernen Menschen einen glücklicheren Menschen zu machen, dessen Gesundheitszustand besser sein sollte und der im Vollbesitz all seiner physischen und psychischen Kräfte sein sollte. Meine Forschungen hatten mich schon dazu veranlaßt, zwei Jahre lang bei einem nepalesischen Meister zu leben, um mit Hilfe der Hypnose die ungeheuren Möglichkeiten unserer Psyche zu entdecken. Was meine Ernährung angeht, so fastete ich regelmäßig und lebte vegetarisch.

An einem Regentag im März des Jahres 1985 traf ich mit einem Mann zusammen, der Guy-Claude Burger heißt. Dieser Mann behauptete, daß wir, da der Mensch sich genetisch nur sehr langsam weiterentwickle, wahrscheinlich nicht für die Nahrungsmittel angelegt seien, die noch nicht lange Eingang in unsere Ernährung gefunden haben (insbesondere Kuhmilch) oder die auf verschiedene Weise verändert werden (Garen, Mischen, Würzen etc.). Burger schlug also vor, zu einer ultra-natürlichen Ernährung zurückzukehren, bei der die Nahrungsmittel so verzehrt werden, wie sie in der Natur zu finden sind, und bei der die Auswahl nach dem Instinkt getroffen werden soll.

Er selbst praktizierte diese Ernährungsmethode bereits seit einem Vierteljahrhundert, und sie schien ihm gut zu bekommen. Zuerst dachte ich, dieser Mann übertreibt und will nur Geschäfte machen. Aber er war Physiker, und er hatte eindeutig mehr von einem Forscher und Gelehrten als von einem Geschäftsmann. Was er sagte, war verwirrend, aber dennoch logisch. Ich habe lange nach einem Fehler gesucht, um seine Theorie, »daß der Mensch genetisch nicht für denaturierte Nahrungsmittel angelegt sei«, verwerfen zu können.

Nachdem ich seine ganze Bibliographie durchforstet, seine Vorlesungen besucht und Kranke getroffen hatte, die unter schweren Krankheiten gelitten hatten und mir erzählten, daß sie sich durch eine 100%ig natürliche Ernährung selbst geheilt hätten, mußte ich mich von den Tatsachen überzeugen lassen: Burger hatte recht.

Einige Jahre zuvor hatte ich, als ich drei Monate als Segellehrer auf Korsika verbrachte, selbst einmal ausschließlich rohe Nahrungsmittel gegessen; und bei dieser Gelegenheit hatte ich bemerkt, daß die rheumatischen Schmerzen in meinen Knien verschwunden waren und meine sonst ständig verstopfte Nase frei geworden war. Später stellte ich fest, daß die Gelenkschmerzen im Knie, die mich periodisch ans Bett fesselten, immer, wenn ich Milchprodukte zu mir nahm, wieder auftraten und verschwanden, wenn ich Milch und ihre Nebenerzeugnisse weglaß. Die Milchprodukte waren also die Hauptursache für mein Rheuma.

Nach mehreren Versuchsabschnitten, in denen ich zwischen verschiedenen Diätformen, die Milchprodukte enthielten oder auch
nicht, wechselte, wurde mir klar, daß Milch mir absolut nicht
bekam. Das war um so deutlicher, als auch meine Nase sofort rea-
gierte und, sobald ich Milch trank, wieder verstopft war, mich also
dazu zwang, durch den Mund zu atmen. Nur eine winzige Milch-
menge – und schon ging der Ärger wieder los! Solange ich keine
Milch zu mir nahm, hatte ich keinerlei rheumatische Beschwerden
und konnte voll durchatmen... durch die Nase!

Burger war der erste Mensch, den ich kennenlernte, der deutlich aus-
sprach, daß der Mensch Kuhmilch nicht gut vertrage und daß ihr
Genuß alle möglichen Störungen, beispielsweise rheumatische und
entzündliche Leiden verursachen könne. Aber er lehnte auch den
Genuß von Brot ab und berief sich darauf, daß es sich dabei nicht
um ein natürliches Nahrungsmittel handele. Doch in diesem Punkt
war ich nicht seiner Meinung: damals betrachtete ich das Brot als
Grundlage der Zivilisation, als ein Grundelement der Ernährung.

Nachdem ich Burgers Vorträge gehört hatte, brachte ich noch ein
Jahr mit Versuchen und Beobachtungen zu, bis ich endlich überzeugt war, daß der Genuß von Brot unserer Gesundheit mehr schadet als nützt. Die Wirkung von Brot auf das Nervensystem steht
dank des »Stressometers« jetzt fest. Ich konnte mit diesem Apparat
nachweisen, daß der Genuß von gegartem Getreide (namentlich
Brot) beim Menschen genau wie bei der Maus nervöse Störungen
hervorruft, die sich durch ungewöhnlich heftiges Zittern äußern;
dieses ist dreimal so stark wie das normale Zittern, das auch bei einer
100%ig natürlichen Ernährung zu beobachten ist.

Verzicht auf Milch, Brot und alle Arten künstlicher Nahrungsver-
änderung, statt dessen nur noch die Nahrungsmittel zu essen, die
ein Schimpanse in freier Wildbahn findet: das alles wäre zwar
extrem, aber folgerichtig.

Die »Instinctos«, so nennt man die Menschen, die sich nach der

»Burger-Methode« ernähren, nehmen also Lebensmittel in ihrem natürlichen Zustand zu sich, ohne sie auf irgendeine Art zu verändern: Früchte, Gemüse, Fleisch, Fisch, Krustentiere, Nüsse, Getreidekeime. Sie essen nur hochwertige Nahrungsmittel, vorzugsweise aus Wildwuchs oder aus biologischem Anbau, und sie stellen ihre Gerichte nach ihrem Instinkt zusammen, je nach Geschmack und Geruch der Nahrungsmittel... Heute, da ich diese Zeilen schreibe, ernähren sich in Frankreich etwa 3000 Personen auf diese Art, und eine Vielzahl von Fallstudien und Berichten belegen, daß eine derartige Ernährung dem modernen Menschen tatsächlich besser bekommt als eine »Cafeteria-Nahrung« auf der Basis veränderter Lebensmittel.

Ich selbst praktiziere die Instinkt-Therapie seit 1985. Seitdem fühle ich mich deutlich besser, arbeite mehr und brauche drei Stunden weniger Schlaf. Und was mein Rheuma und meine chronisch verstopfte Nase angeht, so sind das nur noch böse Erinnerungen...

Burgers Auffassung ist schon radikal, aber ich wollte, weil ich Herausforderungen liebe, seine Schlußfolgerung im Hinblick auf die natürliche Ernährung noch weiter vorantreiben, indem ich die Insektenfrage ins Spiel brachte. Da veränderte Lebensmittel augenscheinlich nicht die richtige Ernährung für uns sind, sondern wir eher für rohe Nahrungsmittel angelegt sind, wie sie schon unsere Vorfahren im Paläolithikum vor der Erfindung der Kochkunst zu sich nahmen, wollte ich mich darüber informieren, wie sich Affen in ihrer natürlichen Umgebung ernähren. Daraus könnten wir möglicherweise nützliche Schlüsse für die optimale Ernährung des Menschen ziehen.

Es stellte sich heraus, daß die Primaten (insbesondere die dem Menschen am nächsten stehenden, die Schimpansen, Gorillas und Orang-Utans) in ihrer natürlichen Umgebung wie die »Instinctos« etwa 60% Früchte, 20% Gemüse, Blätter, junge Triebe oder Wurzeln und 20% Proteine essen.

Das von Burger ausgearbeitete Ernährungssystem stimmte jedenfalls im großen und ganzen mit der ursprünglichen Ernährung der
Primaten überein. Einen bemerkenswerten Unterschied gab es
jedoch: bei den Affen stammen die tierischen Proteine fast ausschließlich aus dem Verzehr von Insekten (Termiten, Ameisen,
Heuschrecken etc.), wohingegen die »Instinctos« keine Insekten,
sondern statt dessen Fleisch, Fisch und Schalentiere essen.

Nachdem ich das herausgefunden hatte, schien es mir logisch
nachzuforschen, ob die Insekten nicht auch für den Menschen
eine mögliche Proteinquelle sein können. Zu meiner großen
Überraschung stellte ich beim Durchsehen der wissenschaftlichen
Literatur fest, daß auf unserem Planeten zahlreiche Bevölkerungs-
gruppen Insekten in großen Mengen gegessen haben oder noch
essen! Da habe ich mir gesagt:

»Wenn andere Menschen es tun und wenn alle Affen es tun,
warum sollte ich dann nicht auch fähig sein, Insekten zu essen?«

Von jenem Tag an begann ich, neue Proteinquellen auszuprobie-
ren: beim ersten Mal war es kein Insekt, sondern ein Weichtier,
eine Nacktschnecke, die ich zufällig in meinem Salat gefunden
hatte. Ich habe sie zerkaut und hinuntergeschluckt und dabei das
Gesicht verzogen, denn die Vorstellung, eine lebendige, schleimige
Schnecke zu essen, war doch irgendwie abstoßend. Aber ich
mußte mir eingestehen: sie schmeckte nicht unangenehm. Ein
wenig später probierte ich Maden, obwohl mir allein die Vorstellung und dann der Geruch auch ekelerregend erschienen, doch sie
schmeckten köstlich: fast wie eine süße Creme. Was nun die Stu-
benfliegen angeht, so habe ich mich erst viel später an sie herange-
wagt: ihr Geschmack ist rahmig und ganz angenehm.

Jetzt hatte ich Mut gewonnen und dehnte mein Experiment auf
Ameiseneier aus: sie sind schwierig zu sammeln, weil sie so winzig
sind, aber auch sie sind delikat und erinnern in ihrem Geschmack

ein wenig an Baisers. Dagegen schienen mir die Ameisen einen unangenehm säuerlichen Geschmack zu haben, und ich habe sie nicht hinuntergeschluckt, sondern wieder ausgespuckt. Zweifellos war es so, daß ich sie nicht benötigte; mein Instinkt zog mich nicht zu den Ameisen. Später fanden Freunde, die nach meinen Anweisungen Insekten probierten, die gleichen Ameisen köstlich. Ich habe auch Bienen gekostet, sie schmeckten nach Lebkuchen, und Grillen, Gottesanbeterinnen, Heuschrecken, Bienenlarven, Mistkäfer, Fliegen usw.: alle waren nach meinem Dafürhalten durchaus genießbar und akzeptabel im Geschmack.

Im September des Jahres 1989 habe ich in Hourtin in der Gironde ein Fortbildungsseminar für leitende Angestellte abgehalten. Es handelte sich dabei um ein einwöchiges Praktikum in geistiger Dynamik, an dem ungefähr dreißig Unternehmensleiter teilnahmen. Ziel der Veranstaltung war es, die Fähigkeiten des Gehirns zu entdecken und verschiedene Techniken zur persönlichen Weiterentwicklung zu erarbeiten. Das Essen, das vom Hotel angeboten wurde, war fetthaltig und zerkocht, und an Stelle von Rohkost konnte der Küchenchef mir nur einige Salatblätter anbieten. Da nahm ich dann mit dem vorlieb, was die nähere Umgebung mir bot: Weintrauben, denn es war zur Zeit der Weinlese. Was die Proteine anbelangte, so begnügte ich mich mit dem, was das Meer hergab, bis ein Notar, ein Teilnehmer des Seminars, mich auf die Larven des »rhagium inquisitor« aufmerksam machte. Diese weißlichen, etwa 15 mm langen Larven des Bockkäfers findet man in ganz Europa und auch in den gemäßigten Breiten Asiens und Amerikas unter der Rinde von abgestorbenen Kiefern: in zwanzig Minuten kann man mit der Hand bequem die Rinde von einer dicken abgestorbenen Kiefer ablösen und dabei etwa 100 Larven freilegen, das heißt mehr Proteine und Fettsäuren als man für eine Mahlzeit benötigt... Und wieder war ich von dem schmelzenden, delikaten Geschmack dieser Larven überrascht: sie schmeckten wie Nudeln mit Butter, nur noch delikater, und sie waren besser verdaulich!

So habe ich in einigen Monaten viele, viele Insekten probiert und viel Genuß dabei empfunden. Gelegentlich erzählte ich Freunden von meinen Erlebnissen als Insektenesser, später habe ich das Thema dann auch mal auf Konferenzen angeschnitten, und da war ich sehr überrascht über das große Interesse. Immer wieder wurde ich mit Fragen bestürmt:

»Kann der moderne Mensch denn noch Insekten essen?«

»Welche Insekten sind eßbar?«

»Wie schmecken Grashüpfer?«

»Kann man Larven essen?«

»Und was ist mit den Ameisen?«

»Haben Sie schon tropische Insekten probiert?«

»Warum verspürt man bei der Vorstellung, Insekten zu essen, normalerweise ein starkes Ekelgefühl?«

»Wie kann man ein eßbares Insekt von einem giftigen unterscheiden?«

»Welche Proteinquellen sind für uns am bekömmlichsten: Fleisch, Fisch oder Insekten?«

»Wie schaffen Sie es, rohe Schmetterlingspuppen zu essen, wo doch selbst Stämmme wie die Ashanunca im Amazonasgebiet sie kochen?«

Immer häufiger und zahlreicher wurden mir Fragen über die Art und Weise, wie man Insekten essen kann, gestellt. Und weil sich die Öffentlichkeit so sehr für dieses Thema interessierte, machte ich mich an die Arbeit und schrieb dieses Buch.

Um auch afrikanische Insekten zu probieren, fuhr ich mit Freunden nach Marokko, in Gebiete, die periodisch von riesigen Heuschreckenschwärmen verwüstet werden. Diese Wüstenheuschrecken schmeckten uns vorzüglich. Ihr Geschmack erinnerte an gebackenen Fisch, war ölig-schmelzend und fast karamelisiert. Danach dehnten wir unsere Forschung noch weiter aus, ritten mit einem Berberführer bis in die Sahara und suchten vom Kamelrücken aus die Sanddünen nach eßbaren Insekten ab. Wir entdeckten dort nur ein einziges Insekt: den »heiligen Skarabäus«, der seinen Namen zweifellos seiner außerordentlichen Überlebensfähigkeit verdankt. Er gehört zu den wenigen Tieren, die, wie auch das Kamel, mitten in der Wüste leben können. Dieses Nachtinsekt gräbt sich tagsüber bis zu 30 cm tief in den Sand ein, um der sengenden Wüstenhitze zu widerstehen. Also sammelt man die Skarabäen bei Tagesanbruch, bevor sie sich eingraben. Ich habe dieses schwarze, wenig anziehend aussehende Insekt probiert. Was für ein Geschmack! Unser Führer traute seinen Augen nicht: ein Europäer, der Wüstenkäfer ißt! Die Berber selbst, die doch an Unterernährung leiden, wissen nicht, daß man dieses Insekt essen kann. Im Kapitel über den Ekel werden wir sehen, weshalb das so ist. Ich war überwältigt vom Geschmack des Skarabäus. Er schmeckt von allen Insekten, die ich probiert habe, am köstlichsten und am feinsten ...

Als ich dann wieder in Frankreich war, wurde ich zufällig Zeuge einer erstaunlichen und ganz spontanen Demonstration, die uns Noé gab, ein lebhaftes Baby von acht Monaten, das zu dem Zeitpunkt noch gestillt wurde, noch nicht laufen konnte und gerade begann, neben der Muttermilch erste feste Nahrung zu sich zu nehmen. Noé saß im Gras und sah eine Ameise vorbeikrabbeln. Und was tut er? Ohne zu zögern greift er mit seinen kleinen tolpatschigen Händen nach dem Insekt, stopft es in den Mund, kaut darauf herum und schluckt es hinunter! Zufrieden über diesen ersten geglückten Versuch wird er bald eine zweite Ameise gewahr, und das Spiel wiederholt sich ...

Die Tatsache, daß ein Baby, ohne daß man es ihm gezeigt oder beigebracht hätte, Interesse an Insekten hat, sie einfängt und aufißt, läßt den Gedanken aufkommen, daß unser Instinkt uns unter natürlichen Bedingungen von frühester Jugend an dazu drängt, Insekten zu essen.

Dieses Buch kommt Ihnen auf den ersten Blick vielleicht ein bißchen verrückt vor. Es enthält in der Tat Anmerkungen, über die bestimmte Wissenschaftler verächtlich lachen werden, so simpel und plausibel sind sie. Sie sollten aber nicht vergessen, daß eine Behauptung, die in dem einen kulturellen Umfeld vielleicht Anstoß erregt, in einem anderen Umfeld durchaus einleuchtend sein kann.

Da der moderne Mensch mit Computern umgehen muß und gezwungen ist, in einer ganz und gar technisierten Welt zu leben, weiß er nicht mehr, in welchem Zusammenhang er mit der Natur steht.
Machen Sie mir die Freude und lassen Sie Ihre Vorurteile beiseite, solange Sie dieses Buch lesen. Lesen Sie aufmerksam und urteilen Sie nicht, bevor Sie bis zur letzten Zeile alles gelesen haben. Kritisieren Sie nicht gleich, sondern suchen Sie lieber danach, was dieses Buch Ihnen geben kann – dann wird es Ihnen viel geben können...

Ein Insektenesser wird als »Entomophage« bezeichnet, nach dem griechischen »entomos«, »Insekt« und »phagos«, »Esser«. In diesem Buch werde ich Sie in die Entomophagie einführen und Ihnen erläutern, weshalb und wie man Insekten essen sollte. Wir werden untersuchen, welche Rolle die Insekten in der Ernährung des Menschen seit seiner Entstehung spiel(t)en. Es werden die genießbaren Insekten angegeben, die heutzutage auf der Welt gegessen werden. Anschließend werden wir sehen, daß die Insekten eine Protein-

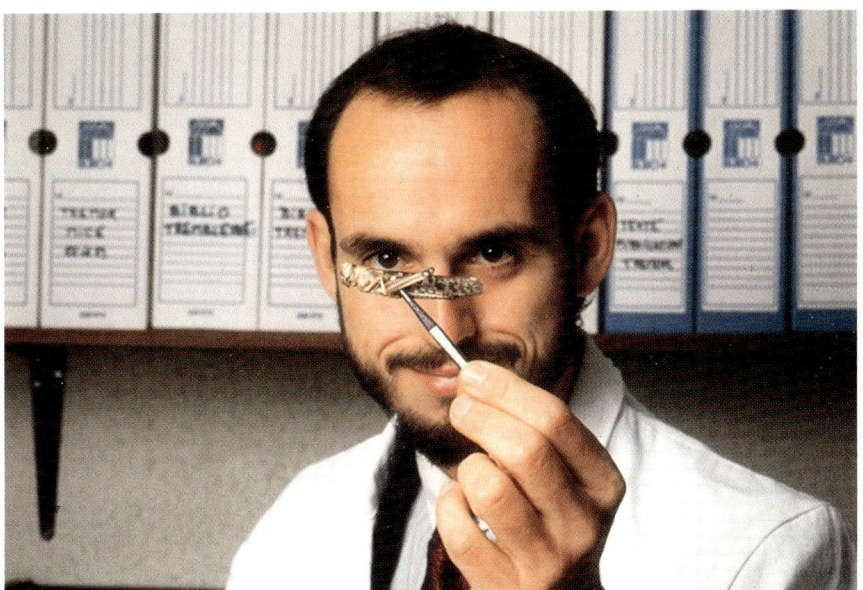

Bruno Comby im Labor

Grillen

Wanderheuschrecke aus Combys Zucht

Grille aus Combys Zucht

Bienenlarven

Bienenlarven

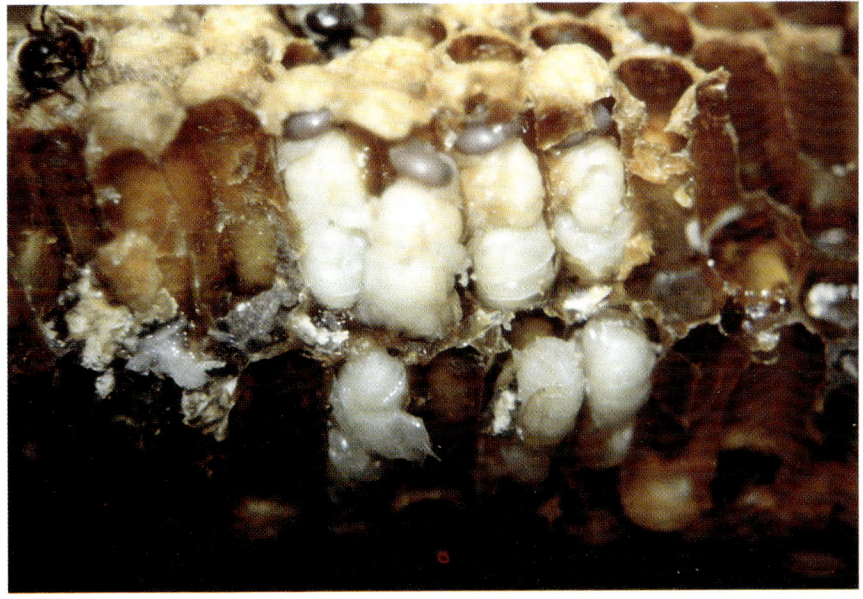

Hausgrille aus Combys Zucht

Raupe

quelle von hoher Qualität darstellen, die dazu beitragen kann, auf unkonventionelle Weise das Problem des Hungers in der Welt zu lösen. Wir werden lernen, daß der Ekel, den man bei der Vorstellung empfindet, Insekten zu essen, nicht sehr tief verankert ist und auch nicht lange anhält, denn für den Kenner sind die Insekten in der Tat eine Quelle außerordentlichen kulinarischen Genusses. Wir werden Argumente bringen, die geeignet sind, die Hypothese zu untermauern, daß der Mensch dafür angelegt ist, Insekten zu essen. Und dann werden wir, aufgrund meiner persönlichen Erfahrung und aufgrund der Erfahrung von Menschen, die mir schon auf diesen Weg gefolgt sind, feststellen, daß für den modernen Menschen sehr wohl die Möglichkeit besteht, wieder mit dem Insektenessen zu beginnen, und wir werden konkrete Wege aufzeigen, die dazu beitragen können (eine Grillenzucht für jede Familie). Zum Schluß werde ich Ihnen erklären, wie Sie in der Praxis Ihre ersten Versuche machen können. Meine persönliche Erfahrung besteht darin, die Insekten so zu essen, wie sie in der Natur zu finden sind; sie lassen sich aber auch auf ganz verschiedene Weisen zubereiten, wenn jemand nun mal gerne kocht. Es gibt zahlreiche Rezepte für das Kochen mit Insekten. Kurzum, dieses Buch lädt Sie zu einer außergewöhnlichen Reise ein, auf der Sie eine neue Form der Ernährung entdecken werden:

die Ernährungskultur der Zukunft:
Insekten essen!

Eßbare Insekten gibt es überall auf der Welt

»Die Entomophagie, der Verzehr von Insekten durch den Menschen, ist schon sehr alt (...). Bei bestimmten Völkergruppen sind Insekten tatsächlich eine Hauptnahrungsquelle (...). Da wir wissen, daß in manchen Regionen Insekten das ganze Jahr über zur Verfügung stehen, und wenn man außerdem in Betracht zieht, daß sowohl Larven, Puppen, Eier, Schmetterlingspuppen, Raupen als auch voll entwickelte Exemplare wie z. B. Schmetterlinge, Fliegen, Ameisen, Bienen, Mistkäfer, Termiten, Heuschrecken, Libellen usw. gegessen werden, dann bedeutet das, daß auf unserer Erde eine große Anzahl verschiedener Insektenarten vom Menschen konsumiert wird.«

de Conconi

In der Antike war es bei den Griechen und Römern durchaus üblich, Insekten zu essen. Heutzutage werden Insekten oft nur als gelegentliches Nahrungsmittel in schlechten Zeiten angesehen, doch damals galten sie als ganz normales Gericht (Termiten, Heuschrecken) oder sogar als begehrte Delikatesse (Grillen). Und auch heute noch essen zahlreiche Völker in fast allen Regionen der Erde Insekten. Einst aßen die Primaten sie so, wie sie sie einfingen, das heißt lebendig und roh, doch heute werden die meisten Insekten, die Menschen zu sich nehmen, gekocht, gebraten, gebacken oder auf eine andere Art zubereitet.

In diesem Kapitel betrachten wir die verschiedenen Regionen unseres Planeten, in denen Insekten entweder früher Bestandteil der Ernährung waren oder es heute noch sind. In Südafrika zum Beispiel werden vom Stamm der Pedi, der von dem südafrikanischen Wissenschaftler Quin (Quin, 1959) erforscht wurde, mindestens 13 Insektenarten gegessen, und andere Autoren berichten, daß in anderen Gebieten Südafrikas wenigstens noch ein weiteres Dutzend Insekten als Nahrung Verwendung finden (Defoliart, 1975). Die meisten der von den Pedi genutzten Insekten werden entweder lebendig oder zu einem Brei zerstampft gegessen, der als Beilage zu anderen Gerichten dient. Andere werden gedämpft und leicht gesalzt. Wieder andere rösten die Pedi in der Pfanne, die Raupen des »Gonimbrasia belina« und die Grashüpfer werden vor dem Verzehr ausgeweidet und vom Kopf befreit, aber nur, wenn die Beute reichlich ausgefallen ist. Ist die Ausbeute knapp, werden die Raupen mit Kopf und Eingeweiden verzehrt.

Die Wanderheuschrecke »Schistocerca gregaria«, die in Afrika die Getreideernten verwüstet, war in früheren Zeiten ein wichtiger Nahrungslieferant, und in einigen Regionen Nordafrikas und des Mittleren Ostens ist sie es auch heute noch.

Zahlreiche Insekten wurden beziehungsweise werden auch gegenwärtig von Menschen konsumiert – fast überall auf der Erde. Es ist eine Tatsache, daß Naturvölker häufig Termiten, Ameisen, Grillen, Heuschrecken, Raupen, Larven etc. essen.

Gewöhnlich meint man, diese Völker äßen Insekten, weil sie keine »zivilisierteren« Nahrungsmittel hätten. Und man fügt eilig hinzu, »die primitiven Völker würden ihre barbarischen Gewohnheiten bestimmt schnell aufgeben, wenn sie so köstliche Speisen zur Verfügung hätten wie wir«. Doch das stimmt ganz und gar nicht: die Insekten sind dort, wo sie traditionell als Nahrung dienen, durchaus beliebt und begehrt und werden keineswegs nur gegessen, um zu überleben.

Sie werden dort sogar sorgfältig ausgewählt: für ein Festmahl sucht man sie auf die gleiche Art aus, wie es in Europa üblich ist, wenn das Familienoberhaupt seine ganze Ehre dareinlegt, an seiner Tafel den besten Champagner und die beste Leberpastete anzubieten. Der Unterschied ist nur, daß Insekten bedeutend billiger sind als Champagner und viel bekömmlicher als Leberpastete, aber – mindestens genauso gut schmecken!

Die Yukpa-Indios in Kolumbien und Venezuela essen z. B. lieber Insekten als rotes Fleisch (Ruddle, 1973).

Für Südafrika, wo die Raupen des »Saturniid gonimbrasia belina«,

die dort meistens »Mopanie-Würmer« oder »Masonja« genannt
werden, eines der Lieblingsgerichte der Pedi sind, die ich schon
erwähnt habe, gilt das gleiche (Quin, 1959): Wenn im Gebiet der
Pedi, also im nördlichen Transvaal in Südafrika, die Masonjas zum
Kauf angeboten werden, gehen die Verkaufszahlen für Fleisch
merklich zurück.

Ein guter Insektensammler kann es in einer Stunde auf bis zu 18
Kilogramm von diesen Raupen bringen: eine sehr reiche Proteinquelle, die besonders leicht auszubeuten ist. Eine Viertelstunde am
Tag reicht aus, um den täglichen Eiweißbedarf einer ganzen Familie nach Hause zu bringen!

Das »South African Bureau of Standards« schätzte 1982 den jährli-
chen Verkauf von getrockneten Mopanie-Würmern auf den örtlichen Märkten Südafrikas auf 1600 Tonnen, ohne die mitzuzählen,
die die Verbraucher selbst sammelten!

Auch in Zimbabwe kann ein Raupensammler seinen Lebensunter-
halt ganz gut verdienen (Chavundaka, 1975).

In Mexiko werden eßbare Insekten nicht nur auf den ländlichen
Märkten, sondern auch auf der Speisekarte einiger großer Restau-
rants angeboten, und bestimmte Insekten werden sogar nach
Europa und in die Vereinigten Staaten exportiert (Eerde, 1981 und
de Conconi, 1982).

Nach de Conconi (1984) werden in Mexiko regelmäßig mehr als
hundert Insektenarten gegessen, mittlerweile werden sogar mehr
als zweihundert Arten genannt (Defoliart, 1989)!

1981 wurden 12.300 Mexikaner über Insekten befragt. 93% von
ihnen betrachteten Insekten als *das* Nahrungsmittel der Zukunft!
Und bemerkenswerterweise haben sie wahrscheinlich recht. Dieses
eine Mal zumindest sind die Vorstellungen eines Landes, das sich
auf dem Weg in die Moderne befindet, denen der Industrieländer
voraus...

Die genaue Anzahl der eßbaren Insektenarten kennt man nicht.

Gene Defoliart, ein amerikanischer Professor der Entomologie an der Universität von Wisconsin in den Vereinigten Staaten, hat versucht, alle eßbaren Insektenarten, die es auf der Erde gibt, in einem Verzeichnis aufzulisten (Defoliart, 1989). Er hat mehr als 500 Arten eßbarer Insekten aus mehr als 260 Gattungen und 70 Familien aufgeführt. Die tatsächlichen Zahlen liegen aber wahrscheinlich noch höher, denn viele tropische Insekten sind noch nicht erfaßt.

Die Entomologen schätzen, daß etwa 80% der auf der Erde lebenden Insekten noch nicht klassifiziert sind. Außerdem ist es wahrscheinlich, daß es auch unter den registrierten Arten noch welche gibt, die eßbar sind, ohne daß wir es wissen.

Die Yukpa-Indios im östlichen Kolumbien verwenden mindestens 25 Insektenarten aus 22 Gattungen und 7 Familien, und zwar nicht nur in Zeiten, in denen die Nahrung knapp ist, sondern regelmäßig und das ganze Jahr über (Ruddle, 1973).

Der Stamm der Luvale in Tansania ernährt sich nahezu ausschließlich von Wanderheuschrecken, wenn sie dort in der Trockenperiode zwischen Juli und Oktober auf ihrem Flug einfallen (White, 1959).

Auch die Chuaven, die Ureinwohner von Neuguinea, essen das ganze Jahr über große Mengen verschiedener Geradflügler (Meyer-Rochow, 1973).

In Burma konsumieren die dort ansässigen Bewohner relativ oft die Riesenheuschrecke »Brachytrypes portentosus« (Ghosh, 1924), ebenso wie die Bevölkerung Südostasiens (Nguyen-Cong-Tien, 1928) und Indonesiens (Bodenheimer, 1951).

Eine andere Heuschreckenart aus dieser Familie, die »Brachytrypes membranaceus«, auch sie ein Ernteschadinsekt, wird in Uganda (Owen, 1973) und in anderen afrikanischen Regionen, besonders in Zimbabwe (Gelfand, 1971 und Chavunduka, 1975), als Delikatesse betrachtet.

In Indien und in anderen asiatischen Ländern (Defoliart, 1989) finden die Larven der Seidenraupe Verwendung als Nahrungsmittel.
Diese Larven sind sehr nahrhaft. Analysen haben einen Proteinan-
teil von 63% des Trockengewichts ergeben (Bora & Sharma, 1965,
Chopra & al, 1970, Wijayasinghe & Rajaguru, 1977). Schon zu
Beginn der siebziger Jahre erreichte Indiens Produktion von eßbaren Seidenraupenlarven 20.000 Tonnen (Ichponani & Malek,
1971), doch war der Hauptanteil dieser Produktion als Futter für
die Hühner bestimmt. Und dann ißt man die Hühner! Wäre es da
nicht einfacher und wirtschaftlicher, gleich die Larven zu essen,
die, wie wir später sehen werden, für unseren Organismus
bekömmlicher sind als Hühnerfleisch?

In Angola gibt es viele eßbare Insektenarten, und sie werden auch tatsächlich gegessen: darunter insbesondere Termiten mit der Bezeichnung »Macrotermes subhyalinus«, von denen es im Norden und im
Osten des Landes nur so wimmelt, Schmetterlingslarven, die bis zu
zehn Zentimeter lang werden, und Käfer mit der wissenschaftlichen
Bezeichnung »Rhynchophorus phoenicis« (Oliveira, 1976).

Auf den Trobriand-Inseln leben an der Küste die Kiriwiner, ein
Volksstamm, der besonders für die Ameisen »Hymenoptera formi-
cidae oecophylla smaragdina« schwärmt; doch als sie von eifrigen
Missionaren gefragt wurden, ob sie diese Ameisen häufig äßen,
leugneten sie den Verzehr rundweg ab, denn sie wußten wohl, daß
der weiße Mann den Genuß von Insekten mißbilligt. Die Tatsache, daß einem Gesprächspartner ein Verhalten verschwiegen
wird, das er mißverstehen könnte, rührt daher, daß die beiden Kulturen heute so weit von einander entfernt sind.

Da die Europäer und die Amerikaner, die die Naturvölker erforschen und Bücher über sie schreiben, bei der Vorstellung, Insekten
zu essen, meistens Ekel empfinden, ist es leicht zu verstehen, daß
der Verzehr von Insekten oft zu gering eingeschätzt worden ist.
Wenn man sich vorurteilsfrei diesem Thema nähert, so entdeckt

man in der Tat, was so viele andere außer acht gelassen haben: die Naturvölker essen sehr oft Insekten, viel häufiger als man vorher angenommen hatte (Meyer-Rochow, 1973). Man findet beispielsweise heraus, daß die Kiriwiner von den Trobriand-Inseln Schweine und Hühner halten und Kokosnüsse, verschiedene Wurzelarten und Kartoffeln ernten. Ihre Nahrung scheint ausgewogen zu sein und enthält in ausreichender Menge Früchte, Gemüse, Fisch und Fleisch. Trotzdem essen sie auch zahlreiche Insekten, und die oben erwähnte Ameise, für die sie sich begeistern, gehört dazu. Das beweist eindeutig, daß sie nicht nur gezwungenermaßen Insekten essen, weil sie nichts Besseres haben: sie essen Insekten, weil sie ihren Geschmack schätzen.

Anfang der sechziger Jahre wurden auf den Märkten in Zaire jedes Jahr 4.800 Tonnen Insekten verkauft (Gomez et al, 1961), was in etwa 10% von Zaires Handel mit tierischen Proteinen ausmacht. In bestimmten Gebieten Zaires lieferten die Insekten bis zu 64% der konsumierten tierischen Proteine.

In Kolumbien dienen den Tukanoan-Indios mehr als zwanzig verschiedene Insektenarten als Nahrung (Dufour, 1987).

Die Balubas, ein Stamm im südlichen Kongo, treiben mit den zahlreich vorhandenen Termiten Handel in ganz Afrika südlich der Sahara (E. Bergier, 1947).

Auch andere Insekten sind gegessen worden und können somit als möglicherweise eßbar eingestuft werden (Touber, 1977):

– die Bombyx Anaphe-Raupen, die sich zu mehreren in einem Kokon entwickeln;

– die Corethra- oder Chaoborus-Fliegen, die besonders in der Nähe der großen afrikanischen Seen zu finden sind, über denen sie sich in Schwärmen sammeln. Diese Zweiflügler werden gesammelt und in Form von öligen Kuchen gelagert, die über dem Feuer gegart wurden; an den Ufern des Njassa-Sees werden sie »Kungu« und an denen des Viktoria-Sees »E' Sami« genannt;

– in der Umgebung von Lubumbashi in Zaire bereitet man die großen Raupen der »Attacidae«-Familie, die 6 bis 7 cm lang sind und einen Durchmesser von 1 cm haben, auf folgende Art zu: man entleert die Därme durch Drücken zwischen Daumen und Zeigefinger, und dann legt man die behaarten Raupen auf ein heißes Blech, um die Haare abzusengen. Danach gart man sie: sie werden entweder in Wasser gekocht, auf einem heißen Blech geröstet oder in heißem Öl gebacken. War die Ausbeute zu reichlich, um alles sofort zu verbrauchen, so wird der Rest geräuchert und gelagert (Malaisse und Parent, 1980). Ich selbst habe die Puppen des »Attacida Bunea Aslauga«, die sehr delikat und fast wie ein Käseomelett schmecken, aber bekömmlicher sind, bei verschiedenen Gelegenheiten probiert. Und ich habe diese schwärzlichen Puppen auch Freunden zum Kosten angeboten: diejenigen, die den Mut hatten, davon zu essen, haben ihnen mindestens drei gastronomische Sterne zuerkannt.

Zum Abschluß dieser Reise durch die Welt der Insektenesser können wir feststellen, daß bei bestimmten Völkern der Verzehr von Insekten etwas völlig Normales ist. Fast überall auf der Erde wurden und werden Insekten von Menschen gegessen. Man findet Insektenesser in Zaire, Angola, im Kongo, in Südafrika, Algerien, Brasilien, Mexiko, in den Vereinigten Staaten, in China, Indien, in Australien die Aborigines, in Papua-Neuguinea, auf den Trobriand-Inseln, in Europa usw.

Von besonderer Bedeutung ist der Verzehr von Insekten in Südostasien, bei den Thais, den Laoten und den Kambodschanern. In Europa ist das einzige Insekt, das gezüchtet und in industrieller Größenordnung produziert wird, die Seidenraupe, wobei die Raupe selbst meist gar nicht verwendet wird. Genutzt wird lediglich der Kokon, den man für die Seidenherstellung benötigt. Was für eine Verschwendung, wo die Raupe doch so köstlich schmeckt! Vom Standpunkt der Ernährung aus müßte man umgekehrt die

Seide fortwerfen und die Raupe behalten. Doch wenn wir Europäer uns nicht von Larven ernähren wollen, dann könnten wir sie wenigstens denen anbieten, die sie zu schätzen wissen, oder denen, die am Verhungern sind!

Wenn wir ein wenig über unsere »Zivilisations«-Normen hinausschauen, dann ist das Erstaunliche nicht, daß es noch Länder gibt, in denen die Menschen Insekten essen, sondern vielmehr, daß es Länder gibt, deren Bevölkerung keine Insekten mehr ißt.

»Die Wanderheuschrecke, ein springender Geradflügler der bitteren Art, ist schon Gegenstand zahlreicher Untersuchungen gewesen. Manche Tiere verschmähen es nicht, ab und zu welche zu fressen. (...) Heuschrecken enthalten Titan. Sie sind reich an Fettsäuren und Proteinen. Ihr Wert für die Ernährung ist also unbestritten. (...) Die arme Bevölkerung Nordafrikas verwendet sie als Grundnahrungsmittel, aber auch zahlreiche Naturvölker essen sie häufig, und die Chinesen bereiten daraus einen kulinarischen Leckerbissen. Das muß uns daran erinnern, daß die antiken Schriftsteller Herodot, Strabor, Plinius und Diodorus von Sizilien in ihren Berichten davon erzählen und sogar Einzelheiten über das Sammeln und die Lagerung dieser Insekten angeben.«

Charles Lapp und Jean Rohmer

»Um die Gesundheit zu erhalten, brauchen wir nur sehr wenige Erkenntnisse, die zudem ganz simpel sind.«

Louis Lavelle

Eine wichtige Proteinquelle

»Die Insekten sind – bezogen auf die Menge der Arten als auch auf die der einzelnen Insekten – viel, viel zahlreicher als jede andere Tierart auf unserem Planeten. Wo sie in Hülle und Fülle vorhanden sind, kann der Mensch überleben. Von ihren Inhaltsstoffen her sind sie für die Ernährung sehr wertvoll: sie enthalten Wasser, Proteine, Lipide und in geringeren Mengen Kohlehydrate, Mineralien und Vitamine.«

Meyer-Rochow, Forscher an der Abteilung für Neurobiologie der australischen National-Universität

»Von den 101 eßbaren Insektenarten, die in verschiedenen Gebieten Mexikos gesammelt und untersucht wurden, hat man 77 auf ihren Proteingehalt und die Qualität dieser Proteine analysiert. Der Prozentsatz der Proteine variierte von etwa 10% bis hin zum Höchstwert von etwas mehr als 81%. Für viele Insektenarten kann festgestellt werden, daß die Qualität der Proteine, bestimmt durch den Anteil an Aminosäuren, durchaus der Proteinqualität entspricht, die von der FAO (Food and Agriculture Organization) und von der OMS für den Nahrungsgebrauch empfohlen werden.«

de Conconi, Forscher am Biologischen Institut der Universität von Mexiko

Die folgenden Seiten sind Auszüge aus der Zeitschrift »Science illustrée« vom Februar 1990; für die freundliche Abdruckgenehmigung möchten wir der Redaktion hier nochmals herzlich danken.

»Die industrielle Insektenproduktion könnte für Länder, in denen die Bevölkerung ganzer Regionen an Unterernährung leidet, ein wichtiger Proteinlieferant sein. Bei einigen Völkern sind Fliegen, Termiten und Heuschrecken schon heute eine Delikatesse. Fliegenfrikassee, eingelegte Schaben und geröstete Falter gehören zu den Gerichten, die am eiweißhaltigsten sind. Denn laut Auskunft der Experten haben die meisten Insekten einen sehr hohen Nährwert. Heuschrecken enthalten zwischen 50 und 75% Proteine, Spinnen und Fliegenlarven mehr als 60%. Fleisch hat keinen so hohen Proteingehalt: ein Huhn hat nicht mehr als 23%, ein Schwein nur

17%. Nach den Untersuchungen des Entomologen Roy Smelling vom Nationalmuseum für Geschichte in Los Angeles enthält eine Termite proportional betrachtet mehr als das Doppelte an Proteinen als ein erstklassiges Beefsteak. Lediglich Mehle, die aus Ölsamen gewonnen werden, halten einem Vergleich stand. Diese Mehle haben in den asiatischen und den afrikanischen Ländern zwar tatsächlich einen hohen Stellenwert in der Ernährung. Aber ihr Protein-Effektivitäts-Koeffizient (PEK), der Ergiebigkeit und Bandbreite der Aminosäuren eines Proteins angibt, ist dennoch deutlich geringer als der von Insekten. Selbst Proteine tierischer Herkunft sind nicht so nährstoffreich.

Seit Tausenden von Jahren ernähren sich Menschen von Insekten. Grillen und Heuschrecken gehören in Tansania und Botswana, in Zimbabwe und in Kamerun zur täglichen Nahrung. In Südafrika werden Raupen, die nach dem Baum, auf dem der Nachtfalter zu Hunderten seine Eier ablegt, auch ›Mopaanie‹-Würmer genannt werden, in beträchtlichen Mengen gesammelt. Vor dem Verzehr röstet oder kocht man diese 10 cm langen Larven. Sollen sie gelagert werden, damit auch in der Trockenzeit noch ein Vorrat vorhanden ist, so legt man sie nur kurz in die Sonne. Ein Teil der Insektenausbeute ist ausschließlich den Pygmäenfrauen in den Urwäldern am Äquator vorbehalten: hierbei handelt es sich um große weiße Würmer, den Larven von Käfern, außerdem um Raupen und Puppen.

Wenn die Fliege nach Kaviar schmeckt...

Die meisten Stämme betrachten alle diese Insekten nicht als Grundnahrungsmittel, sondern als Delikatesse. Auf Bali delektiert man sich an gerösteten Fliegen und Schaben. An den Ufern des Viktoria-Sees fangen ugandische Stämme eine besondere Fliegen-

art, die zu Püree verarbeitet wird und ähnlich wie Kaviar
schmecken soll. Die Thais bevorzugen ein Mus aus Gottesanbeterinnen, dessen Geschmack an Krabben- oder Champignon-
Mousse erinnert. Die Ureinwohner von Neuguinea schätzen vor
allem dicke, 6 cm große Spinnen, die sie am liebsten rösten. Ihr
Geschmack kommt dem von Erdnußbutter nahe, doch durch ihre
eigenartige Konsistenz werden sie zu einer Delikatesse. In Australien sind für die Aborigines Honigameisen ein besonderer Genuß,
wenn sie den Saft von Eukalyptusblättern eingesogen haben. Man
könnte noch viele Völker nennen, die Insekten essen, beispielsweise die Indios im Amazonas-Gebiet und bestimmte Volksstämme in China.

Wichtiger Bestandteil der Proteinversorgung sind die Insekten
jedoch hauptsächlich in Ostafrika ... und wenn ein heftiges
Gewitter die Termitenhügel unter Wasser setzt, beginnt ein wahres
Schmausen. Von der Sturzflut aus ihren Schlupflöchern vertrie-
ben, werden die Termiten zu Tausenden vom Licht angezogen.
Dann kann man sie leicht auflesen und dabei natürlich auch gleich
kosten. Mit etwas Glück erwischt man vielleicht sogar die Köni-
gin, die als besonderer Leckerbissen gilt.

Abgesehen von ihrem hohen Nährwert haben die Insekten noch
einen wichtigen Vorzug: sie sind mit mehr als 650.000 Arten die
artenreichste und zudem am weitesten verbreitete Gruppe im Tier-
reich. Eine einzige Termitenkolonie kann zwischen zehntausend
und drei Millionen Exemplare umfassen. Und ein Heuschrecken-
schwarm von 1.5000 Quadratkilometern Größe besteht aus 400
Milliarden Einzeltieren. Diese Menge entspricht etwa 10.000 Tonnen eßbaren Proteins.

800 Tonnen Würmer pro Hektar und Jahr

Insekten haben darüber hinaus eine ungeheure Fortpflanzungskapazität. Ein einziges Fliegenpaar kann innerhalb einer Saison Milliarden von Nachkommen haben. Diese außerordentliche Zahl hat aber nur theoretische Bedeutung: in Wirklichkeit geht der größte Teil dieser Nachkommenschaft durch Krankheiten, Raubinsekten, Naturkatastrophen oder Insektizide ein. Aber es bleiben noch genügend übrig, die parasitäre Krankheiten wie Malaria, Onchocerchose, Trypanosomiase etc. verbreiten und die Felder zerstören können.

Doch vielleicht werden die Insekten schon bald nicht mehr nur als Synonym für Bedrohung und Gefahr gelten. Nachdem man ihren umfangreichen Nährstoffgehalt erkannt hat, werden Forscher nun versuchen, rentable Zuchtmethoden auszuarbeiten. Professor Achieng Onyango von der Universität Kampala in Uganda hat ein Projekt vorgestellt, das die Nutzung von Klärbecken vorsieht. Die klimatischen Bedingungen in diesen Abwasserbecken bewirken, daß organische Substanzen in Fäulnis übergehen, was für die Aufzucht von Larven auch notwendig ist. Mit dieser Methode könnte man das ganze Jahr über verschiedene Insekten ›ernten‹.

Von den Amerikanern ist ein weiteres Projekt entwickelt worden: die Zucht diverser Fliegenarten, die von in Gärung befindlichen Stoffen angelockt werden. Den Berechnungen zufolge könnten diese Fliegen pro Quadratzentimeter Kompost im Durchschnitt ein Gramm Larven produzieren. Eine gut ausgestattete Industrieanlage könnte pro Hektar und Jahr einen Ertrag von 800 Bruttotonnen Maden erzielen. Nach der Verarbeitung würden dann noch 363 Tonnen Protein übrig sein. Da diese Maden aber leider ein wenig nach Sägemehl schmecken, würden sie wohl vorwiegend in der Vieh- und in der Geflügelzucht Verwendung finden.

Die Insektenzucht scheint besonders geeignet für die Entwicklungsländer, in denen beträchtlicher Eiweißmangel herrscht. In diesen Gebieten ruft der Verzehr von Insekten keinerlei Ekelgefühl hervor, und die kommerzielle Ausbeutung dieser Nahrungsquelle ist bereits in vollem Gange. In den Supermärkten werden die getrockneten Raupen, die dort traditionelles Nahrungsmittel sind, zellophanverpackt oder – wenn sie zubereitet sind – in Dosen angeboten. Wegen der stark angestiegenen Fleischpreise sind sie oft der einzige Proteinlieferant, den diese Völker sich leisten können. Insektenmehl verwendet man zum Backen von Brot und Gebäck, und auch in Mais- oder Reisgerichten erhöht dieses Mehl den Proteingehalt.

Die Überprüfung unserer Vorurteile auf dem Gebiet der Ernährung

Zur Zeit scheint der Aufbau einer industriellen Insektenzucht in den westlichen Ländern unmöglich zu sein. Sie würde in der Tat eine radikale Änderung unserer Ernährungsgewohnheiten und die Revision unserer Vorurteile auf diesem Gebiet erfordern. Vom rein wissenschaftlichem Standpunkt aus ist es unverständlich, daß die Menschen in den sogenannten zivilisierten Ländern sich gegen diese Art Nahrung sträuben. Feinschmecker, die Krustentiere als besondere Delikatesse betrachten, empfinden bei der Vorstellung, Heuschrecken zu verspeisen, einen ausgesprochenen Widerwillen. Und doch sind diese beiden Gruppen laut zoologischer Klassifizierung direkt miteinander verwandt, denn sie gehören zu ein und demselben Zweig wirbelloser Tiere: zu den Gliederfüßlern.

Die Experten sagen für die Jahrhundertwende eine enorme Bevölkerungsexplosion vorher und infolgedessen Unruhen und Hungersnöte. Wenn diese düsteren Voraussagen Realität werden, dann kommt vielleicht der Tag, an dem unsere Nachkommen froh sein werden, wenn sie sich um eine Schüssel mit Käfern oder Ameisen versammeln können, die sie in ihrem Garten gefunden haben.

Die Heuschrecke ist nährstoffreicher als das Hähnchen

Gehalt an vergleichbaren Proteinen:

Heuschrecke:	50-75%	Huhn:	23%
Spinne:	65%	Fisch:	21%
Fliegenlarve:	63%	Rind:	20%
Termite:	46%	Schwein:	17%
Ameise:	24%	Hammel:	17%

Der würzig-scharfe Geschmack der Ameisen

Die britische Wissenschaftlerin Norma Myers hat selbst Insekten gegessen. Sie erzählt, was sie bei ihrer ersten Kostprobe empfand: ›Auf der Straße eines Vorortes von Bogota bot ein Straßenhändler geröstete Ameisen zum Verkauf. Die Schlange der Wartenden war beachtlich. ›Komm, versuch doch mal einen Löffel voll‹, schlug mir mein kolumbianischer Gastgeber vor. Zuerst lehnte ich so diplomatisch wie möglich ab. Doch der Spott der Umherstehenden und die Angst, das Gesicht zu verlieren, veranlaßten mich dann doch, zuzustimmen. Ich suchte den Löffel mit den wenigsten Ameisen aus, schloß die Augen, machte mich ganz steif und mein Magen verkrampfte. Aber dann stellte ich mir vor, ich sei im Begriff, ein köstliches Eis zu essen. Ich führte den Löffel zum Mund: die Ameisen waren knusprig, und ihr würzig scharfer Geschmack ließ mich an eine geräucherte Wurst denken. Schließlich habe ich sie hinuntergeschluckt, und sie sind mir wahrhaftig nicht schlecht bekommen.‹

Das Erlebnis dieser Forscherin unterscheidet sich sehr von dem Verhalten unserer jüdisch-christlichen Vorfahren. Im Alten Testament sagt Moses zu den Hebräern: ›Eßt Grillen, Grashüpfer und Heuschrecken!‹ Das Neue Testament berichtet sogar, daß Johannes der Täufer in der Wüste überlebt hat, obwohl er sich nur von Heuschrecken und wildem Honig ernährte.

Die Zivilisationen der Antike, die wir so bewundern, ersannen zahlreiche Rezepte auf Basis von Insekten. Die Römer mochten besonders gern Zikaden, und die Griechen waren spezialisiert auf die Zubereitung von Schmetterlingslarven – wie wir aus Berichten von Aristoteles, Plinius und Herodot wissen.

Noch bis in die jüngste Vergangenheit gehörten bestimmte Insekten auch zum Speiseplan folgender Regionen: in der Lombardei und in Rußland aß man Käfer, an den Ufern der Loire Heuschreckenschenkel.« (Ende des Auszugs aus der Zeitschrift »Science illustrée«.)

Ein Nahrungsmittel, das den körperlichen Erfordernissen eines Lebewesens, sich zu entwickeln und in guter Verfassung zu bleiben, genügen soll, muß einen entsprechend großen Anteil an Proteinen enthalten und in der Zusammensetzung seiner essentiellen Aminosäuren ausgewogen sein.

Doch nicht alle Proteinquellen sind gleichwertig. Man weiß, daß der Organismus tierische Eiweiße besser ausnutzen kann als pflanzliche, die in ihrem Aminosäureanteil nicht so ausgewogen sind.

Dennoch leidet der zivilisierte Mensch, der zu jeder Mahlzeit Fleisch ißt, an zahlreichen Herzkrankheiten und Krankheiten des Gefäßsystems. Weshalb? Erstens, weil zuviel Fleisch gegessen wird, zweitens, weil das Fleisch gegart verzehrt wird, was zur Sättigung der Fette und damit zur schnelleren Alterung des Gefäßsystems und zur Verkalkung der Arterien führt. Und drittens, weil das Fleisch nicht der Proteinlieferant ist, der auf die Dauer für den

Menschen am besten geeignet ist; das werden wir in den Kapiteln über die Abstammung des Menschen und die Theorie vom Menschen, der zur Familie der Affen gehört, noch genauer behandeln. Schauen wir uns die großen Affen an: ihr Hauptlieferant für tierisches Eiweiß sind die Insekten. Und der moderne Mensch? Ist er nicht ein großer Affe, der nur ein wenig intelligenter (oder verrückter?) geworden ist als die übrigen Primaten? Wenn wir die Theorie vom Menschen, der immer noch zur Familie der Affen gehört, als Ausgangspunkt nehmen, werden wir in der Tat feststellen, daß wir zwar auf geistigem Gebiet ein wenig weiter entwickelt sind als die Affen, daß wir uns aber auf dem Gebiet des Stoffwechsels, der Verdauung und der Enzyme nicht fortentwickelt haben: unsere Verdauung funktioniert auf die gleiche Weise wie die eines Schimpansen.

Die Idee, den Verzehr von Insekten auszubauen und zu propagieren, ist schon recht alt: 1885 gab Holt eine Broschüre mit dem Titel »Why not eat insects?« (»Warum essen wir keine Insekten?«) heraus, die von Bodenheimer in seinen Arbeiten teilweise wiedergegeben wird (Bodenheimer, 1961).

Die Insekten sind für die Ernährung besonders vorteilhaft. Denn außer ihrer Vielfalt und großen Fruchtbarkeit bieten sie einen sehr hohen Proteingehalt und Kalorienwert.

Da es so viele eßbare Insekten gibt, ist im folgenden die Zusammensetzung einiger typischer Insekten aufgeführt. (Für weitere Einzelheiten und Zahlen verweisen wir auf die Bibliographie.) Die Prozentangaben beziehen sich auf das Trockengewicht. Die Frage des Wertes der Insektenproteine hinsichtlich ihres Gehalts an Aminosäuren wird in einem späteren Abschnitt erörtert.

Orthopteren (Geradflügler):
männl. Wanderheuschrecke: 54,5% Proteine; 9,8% Lipide
(Lapp, 1937)

weibl. Wanderheuschrecke: 86,6% Proteine; 9,8% Lipide
(Lapp, 1937)
Hausgrille: 62% Proteine (Nakagaki, 1986)

Isopteren (Gleichflügler):
Termiten: 36,0% Proteine; 44,4% Lipide; 5,6% kcal/g
(Tihon, 1946)

Dipteren (Zweiflügler):
Hausfliege: 63,1% Proteine; 15,5% Lipide (Calvert, 1969)

Hymenopteren (Hautflügler):
Bienenlarven: 68,3% Proteine; 16,4% Lipide
(Hocking u. Masumara, 1960)

Insekten enthalten – bezogen auf das Trockengewicht – etwa
65% Proteine und 15% Lipide, wobei der Energiewert ungefähr
500 kcal/100g beträgt. Bei bestimmten Insekten kann der Protein-
anteil sogar 90% erreichen.
Es stellt sich die Frage, in welchem Maß Insekteneiweiße für den
Menschen verdaulich sind. Im allgemeinen ist hier der Verwer-
tungskoeffizient sehr hoch: Insektenproteine sind in einer Größenordnung zwischen 78% und 99% verdaulich (de Conconi, 1982
und Defoliart, 1989). Das bedeutet, daß ein Insekt zu mindestens
der Hälfte und bis zu zwei Drittel des Trockengewichts aus assimi-
lierbaren und für den Menschen verwertbaren Proteinen besteht.
Im Vergleich dazu beträgt der Brennwert von Mais, immerhin ein
Gewächs, das hier ziemlich weit vorne liegt, zwischen 320 und 340
kcal/100g. Die Analyse von neun mexikanischen Insektenarten
hat ergeben, daß ihr Brennwert von 377 kcal/100g bei den »Abua-
butle«-Larven bis zu 516 kcal/100g bei den »Xyleutes Redtenba-
chi« reicht. Der Brennwert der Termiten liegt bei 500 kcal/100g
und der der Grillen, Heimchen, Heuschrecken usw. bei etwa 420
kcal/100g.

Der Brennwert der bekanntesten Insekten ist höher als der von Brot

Eine einfache Art, Insektenproteine zu produzieren, könnte in der besseren Ausnutzung der bereits vorhandenen Insektenanlagen, insbesondere der Bienenkörbe, bestehen. Die Bienenzucht könnte tatsächlich ebensoviel proteinreiche Larven wie Honig produzieren. Ich hatte die Gelegenheit, Bienenlarven zu kosten – sie sind süß und saftig. In den Gebieten, wo es schon Bienenkörbe gibt, könnten große Mengen dieser schmackhaften, süßen Proteine schnell verfügbar sein, wenn sich die Imker dazu entschließen würden, nicht nur den Honig, sondern auch die Larven zu ernten. Noch ein anderer Eiweißlieferant ist einfach zu produzieren: die Maden. Läßt man Speisereste, wie z. B. Fischabfälle, an der Luft stehen, dann kann man schon nach einigen Tagen reichlich Maden ernten, die ca. 60% Proteine und verschiedene essentielle Fettsäuren enthalten (Defoliart, 1975).

Denjenigen, die sich an den Genuß von Maden gewöhnt haben, schmecken sie köstlich; sie erinnern ein wenig an Crème fraîche oder bestimmte Süßspeisen. Ich kenne ein kleines Mädchen von drei Jahren, das durchaus satt zu essen hat und dem es ausgezeichnet geht, das aber mit Vorliebe rohes Fleisch ißt, auf dem sich Maden tummeln!

Die Analyse der verschiedenen Aminosäuren der Maden zeigt, daß es sich dabei um Proteine von hohem Nährstoffgehalt – der sogar den von Sojaextrakt übertrifft – handelt, vergleichbar beispielsweise den Proteinen von Fleisch oder Fisch. Die Analysen weisen mindestens 17 Aminosäuren mit einer ausreichend großen Menge an ungesättigten Fettsäuren aus (Calvert). Bei der Fettsäurebestimmung der Maden läßt sich eine ähnliche Zusammensetzung wie beim Fischöl feststellen, das heute oft als Nahrungsergänzung empfohlen wird. Anders ausgedrückt: benötigen wir diese Nah-

rungsergänzungen auf der Basis von Fischöl, die unseren Mangel
ausgleichen sollen, nicht genau seit der Zeit, seit der wir keine
Insekten mehr essen? Die Maden sind auch gute Mineralstofflieferanten, besonders von Phosphor und Calcium. Man kann sie roh
essen, doch bei sogenannten zivilisierten Völkern ist dabei das
Ekelgefühl zu stark. Es empfiehlt sich also, sie zu braten; das ergibt
einen mehr oder weniger knusprigen Snack. Getrocknet kann
man sie als Frühstück, als kleinen Snack oder mit ein wenig Salz in
einer Soße oder auf einem Salat servieren.

Die Wachstumsrate ist bei Insekten außerordentlich hoch: diese
kleinen Tiere wachsen und vermehren sich viel schneller als jedes
beliebige Säugetier. Beim Ausschlüpfen wiegt beispielsweise eine
Seidenraupe nur ein halbes Milligramm, am Ende ihres Lebens
aber sechs bis sieben Gramm. Die Seidenraupe vervielfacht also ihr
Gewicht innerhalb von 35 Tagen um das 8000- bis 10.0000fache,
und eine ausgewachsene Raupe kann Tausende von Eiern legen,
von denen nach einigen Wochen jedes sein Gewicht auf das 8000-
bis 10.000fache gesteigert haben wird. Unter idealen, natürlich rein
hypothetischen Bedingungen kann sich die Biomasse einer Seidenraupenzucht von einer Generation zur nächsten um mehr als das
10-Millionenfache vergrößert haben, und für andere Insekten
bewegen sich die Zahlen in der gleichen Größenordnung – eine
Wachstumsrate, die in einigen Jahren die Aufmerksamkeit der
Unternehmer auf sich lenken wird.

> Insekten – das bedeutet nicht nur Proteine von ausgezeichneter
> Qualität, das ist auch die bei weitem reichste Quelle tierischen
> Proteins, die wir auf unserer Erde haben.

Es würde uns ja überhaupt nichts nützen, den hohen Nährstoffwert der Insekten zu kennen, wenn sie nur ein seltener Leckerbissen wären!

Eine Einschätzung der in der Biosphäre vorhandenen Insektenmengen läßt den Schluß zu, daß Insekten selbst dann nicht
knapp werden würden, wenn sich auf einmal alle 5 Milliarden
Menschen gleichzeitig dem Insektenessen zuwendeten: Insekten
sind zwar klein, aber sie sind zahlreich, sehr zahlreich.

Einige Forscher haben die Gesamtmasse der Insekten mit der der
Wirbeltiere verglichen (Menschen, Affen, Löwen, Eidechsen etc.).
Demnach »wiegen« die Insekten viermal soviel wie die Wirbel-
tiere. Und das ist gar nicht so erstaunlich, denn:

Die Insekten machen etwa vier Fünftel aller uns bekannten
Tierarten aus.

Mehr als drei Viertel der Insekten sind derzeit noch nicht einmal
erfaßt. Lediglich auf dem Eis gibt es keine Insekten – sonst sind
sie in jeder Landschaft zu finden, in den Städten, im Wald, im
Dschungel, ja selbst in der Wüste. Die Insekten stellen also, und
zwar besonders in den gemäßigten und in den tropischen Breiten,
eine äußerst ergiebige Nahrungsquelle dar.

Ein einziger Wanderheuschreckenschwarm kann leicht 2000 Tonnen wiegen: ein sagenhafter – potentieller – Reichtum! (Albrecht,
1968).

Ein einziger Termitenhaufen beinhaltet etwa 2 Millionen Arbeits-
termiten mit einem Gesamtgewicht von 20 Kilogramm (Wiggle
Worth, 1964).

Forschungsarbeiten der NASA in den Vereinigten Staaten haben
ergeben, daß die Insekten eine wichtige Quelle für Eiweiße guter
Qualität sind und daß sie, die wir heute noch als alternative Nahrungsmittel oder als Nahrungsquelle gegen den Hunger in den
armen Ländern betrachten, im Falle eines Krieges oder einer weltweiten Hungersnot auch in den Industrieländern eine wichtige
Rolle spielen könnten (Dufour, 1981).

Die hier aufgeführten Insekten hat der Autor des Buches in verschiedenen Ländern probiert. Die Geschmacksqualität (Palatabilität) wird auf einer Skala von -5 bis +5 angegeben (-5 sehr unangenehm, 0 fade, +5 delikat):

Insekt	wissenschaftl. Name	Entwickl.-stufe	Land	Palatabilität
Heimchen	Acheta domestica	voll entwickelt	Europa	4
Feldgrille	Gryllus campestris	voll entwickelt	Europa	4
Bockkäfer	Rhagium inquisitor	Larve	Europa	5
Bockkäfer	Rhagium inquisitor	voll entwickelt	Europa	4
exot. Schmetterling	Attacida bunea	Puppe	Madagaskar	5
exot. Schmetterling	Cerenchia appollina	Puppe	Madagaskar	5
Kakerlake	Periplaneta americana	voll entwickelt	Europa	-5
Wüstenheuschrecke	Oedipa caerulescens	voll entwickelt	Marokko	4
Grashüpfer	Oedipoda germanica	voll entwickelt	Europa	4
Skarabäus (Mistkäfer)	Scarabaeus sacer	voll entwickelt	Sahara	5
Fliege	Musca domestica	Made	Europa	4
Fliege	Musca domestica	voll entwickelt	Europa	0
Biene	Apis mellifica	Larve	Europa	5
Biene	Apis mellifica	voll entwickelt	Europa	0
Libelle	Anisopter	voll entwickelt	Marokko	2
Ameise	Lasius niger	Ei	Europa	4
Ameise	Lasius niger	voll entwickelt	Europa	-3
Wüstenameise	Hymenopter	voll entwickelt	Marokko	2

Schlußfolgerung: Die meisten der getesteten Insekten erwiesen sich als angenehm im Geschmack (durchschnittliche Palatabilität: +2,8). Achtung: wenn die oben genannten Insekten für die meisten Menschen auch genießbar und von angenehmem Geschmack sind, so ist es dennoch nicht gesagt, daß sie für alle und an jedem Ort genießbar sind. Bevor Sie selbst welche probieren, sollten Sie sich davon überzeugen, daß sie wirklich genießbar und von guter Qualität sind.

»Für die Erhaltung der Gesundheit ist es notwendig, daß mit der Nahrung hochwertige Proteine zugeführt werden. (…) Da wir wissen, daß Insekten in riesigen Mengen vorhanden sind und daß sie zahlreiche verwertbare Nährstoffe enthalten, zu denen auch Proteine gehören, so ist es doch wohl ein Gebot der Vernunft, sie zu Nahrungszwecken zu verwenden. Auf bestimmten Märkten werden in kleinen Mengen Insekten in Dosen angeboten, aber das ist noch recht selten. Wenn der Nahrungsmangel auf der Welt ernsthaft in Angriff genommen werden soll, muß die Entomophagie in zwei verschiedenen Bereichen ansetzen: Einzelpersonen und kleine Gruppen müssen dazu gebracht werden, wildlebende Insekten zu fangen und zu Hause eine kleine Zucht anzulegen. Bei Regierungen und der Industrie muß darauf hingearbeitet werden, daß sie eine industrielle Insektenzucht aufbauen.«

Richard Gorham

C.F. Hodge hat ausgerechnet, daß ein Hausfliegenpaar, das im April mit der Fortpflanzung beginnt, bis zum August so viele Fliegen produziert haben wird, daß, wenn alle überleben, die gesamte Erdoberfläche mit einer 47 Fuß hohen Fliegenschicht bedeckt werden könnte. Das ist natürlich einen ökologische Absurdität, zeigt aber dennoch, wie außerordentlich groß die Vermehrungsfähigkeit der Insekten ist.

Wenn man den Gedanken, die Insekten seien Feinde des Menschen, endlich beiseite läßt, dann stellt Hodges Schicht aus fortpflanzungsfreudigen Fliegen doch eine beeindruckende Proteinquelle dar.«

Defoliart, Forscher an der Entomologie-Abteilung der Universität von Wisconsin, USA

Eine Lösung für das Welthungerproblem?

»In den Ländern, in denen immer wieder Nahrungsmangel auftritt, könnte die Insektenzucht eine wichtige Proteinquelle sein. Fliegen, Termiten und Heuschrecken sind für bestimmte Stämme und Völker schon heute ein Leckerbissen.«
Zeitschrift »Science illustrée«, Nr. 2, Febr. 1990

Am Ende der achtziger Jahre schätzt man die Weltproteinproduktion auf etwa 100 Millionen Tonnen; um den Bedarf aller Bewohner unseres Planeten zu befriedigen, fehlen etwa 30 Millionen Tonnen.

Mehr als eine Milliarde Menschen auf der Erde leiden an schwerem Eiweißmangel – unsere Mitmenschen verhungern. Und dieser Prozeß droht sich noch zu verschlimmern, denn die Weltbevölkerung nimmt pro Jahr immer noch um etwa zwei Prozent zu.

Das Defizit in der weltweiten Nahrungsproduktion macht es dringend erforderlich, die Nutzung von Insekten für die Ernährung ernsthaft in Betracht zu ziehen, denn sie stellen durch ihren Kaloriengehalt, ihre Fettsäuren und wertvollen Proteine eine im Überfluß vorhandene Ressource dar, die einfach nutzbar gemacht werden kann.

Die Ernährungsdefizite, die sich weltweit besonders bemerkbar machen, sind: der Kalorienmangel, der Proteinmangel sowie der Mangel an bestimmten Vitaminen und Mineralien. Und gerade an Kalorien und Proteinen sind Insekten ja besonders reich, und sie enthalten auch zahlreiche Vitamine und Spurenelemente. Craviote (1951) hat beispielsweise nachgewiesen, daß das mexikanische Insekt »Axayacatl« reich an Eisen und Riboflavin ist; 100g dieses Insekts enthalten 267% bzw. 119% der von der FAO (Food and Agriculture Organization) empfohlenen täglichen Zufuhr dieser beiden Stoffe.

Nach Chavundaka, einem Entomologen (Insektenforscher), hält

LÖSUNG FÜR WELTHUNGERPROBLEM?

die ländliche Bevölkerung Zimbabwes Hungersnöte und auch die Krankheit »Kwashiorkor«, die auf einen Mangel an Proteinen und Kalorien zurückzuführen ist, durch den Konsum von Insekten in Grenzen.

Millionen von Menschen könnten besser ernährt sein, wenn alle armen Länder lernen würden, wie man die Insekten als Nahrungsquelle nutzen kann. Da die armen Völker – zum Nachteil ihrer eigenen Kultur – versuchen, die reichen Länder nachzuahmen, könnte der Insektenverzehr vielleicht weltweit wieder in Mode gebracht werden, indem wir ihnen ein Beispiel geben und selbst Insekten essen. Anders ausgedrückt:

Im Westen die Mode des Insektenessens zu lancieren, ist möglicherweise ein Gebot der Menschlichkeit.

Insekten kann man auf dem Land überall finden, und manche Arten sind einfach zu züchten, so daß man eine industrielle Produktion von qualitativ hochwertigen Insekten aufbauen könnte. Die Wanderheuschrecke »Schistocerca gregaria« und die berüchtigten Heuschrecken, die, wie schon die Bibel berichtet, regelmäßig die Ernten Nordafrikas verwüsten, sind als Nahrung besonders gut geeignet: sie haben gerade die richtige Größe, sind leicht zu sammeln, gut zu essen und einfach zu züchten.

Fast eine Milliarde Menschen auf der Erde kann ihren Bedarf an Kalorien und Proteinen nicht befriedigen. Die am meisten betroffenen Regionen sind Afrika und in Mittelamerika Mexiko sowie Indien im asiatischen Bereich. Dabei sind diese Gebiete geradezu dafür prädestiniert, Insekten wie die Wanderheuschrecke zu fangen und zu züchten. Sollte man, statt ganze Bevölkerungen angesichts ihrer von Heuschrecken zerstörten Ernten Hungers sterben zu lassen, ihnen nicht lieber wieder beibringen, daß man diese Tiere essen kann?

Auch andere Autoren sind dieser Ansicht; Meyer-Rochow schrieb
schon 1973: »Wenn man die Regierung von Papua-Neuguinea dazu
bringen könnte, in der Frage der Insekten als Bestandteil der
menschlichen Ernährung *nicht* die Haltung der Europäer zu über-
nehmen, so wäre das für viele sogenannte Primitive segensreich.
Statt Geld für die Vernichtung bestimmter, von der Landwirtschaft als schädlich eingestufter Insektenarten zu verschwenden,
könnten diese Insekten gegessen werden. Oft haben sie einen höhe-
ren Nährwert als die Pflanzen, die sie gefressen haben.« Dieses Beispiel zeigt, daß die Rehabilitierung der Insekten als Nahrungsmittel für den Menschen von den Regierungen der betroffenen Länder
gefördert werden muß, wenn sie Erfolg haben soll.

In einer Studie von Gope und Prasad (1983) über den Staat Manipur im nordöstlichen Indien wird ausgeführt, daß dort etwa zwanzig der in dem Gebiet heimischen Insektenarten gegessen werden
und daß diese Insekten das tierische Protein liefern, mit dem man
sich am bequemsten versorgen kann. Nach Meinung dieser beiden
muß der Insektenverzehr in Indien gefördert werden, weil die meisten Bedürftigen nicht über ausreichende Mittel verfügen, um
Fleisch oder Fisch kaufen zu können.

Müßten wir den armen Ländern nicht beibringen, wie sie ihre
vor Ort vorhandenen Ressourcen und namentlich die Insekten
besser nutzen können, statt sie zu Sklaven von Zigaretten und
Coca-Cola und damit von uns abhängig zu machen? Ihre
Gesundheit würde sich erheblich verbessern, und die Schulden
der armen, manchmal zahlungsunfähigen Länder ließen sich
auch abbauen…

Ein großer Teil der für die Bewohner der Dritten Welt notwendi-
gen Proteinzufuhr könnte durch pflanzliche Proteine gedeckt werden, wenn die vorhandenen Möglichkeiten besser genutzt würden.
Aber selbst wenn pflanzliche Proteine wirtschaftlicher in der Pro-

duktion sind (höherer Proteinertrag), so ist ihr Nährwert doch nicht sehr gut, denn ihnen fehlen einige unerläßlich notwendige Aminosäuren, wodurch ihre Verwertung im Verdauungstrakt gemindert wird.

Tierische Proteine und Insektenproteine haben einen besseren Nährwert als pflanzliche. Ganz allgemein ist die Verwertung tierischer Proteine im Verdauungstrakt besser als die pflanzlicher. Wenn man sich seine Nahrung sorgfältig zusammenstellt, kann man sich seine Gesundheit auch als Vegetarier bewahren. Es könnte allerdings von Nutzen sein, ab und zu doch tierische Proteine zu sich zu nehmen.

Aus mindestens drei Gründen ist der Verzehr von Insekten dem von Fleisch vorzuziehen:
1. Die Primaten sind, wie wir später noch sehen werden, ihren genetischen Ursprüngen nach eher Insekten- als Fleischfresser. Von der Veranlagung her sind wir wahrscheinlich besser dafür ausgerüstet, Insekten zu essen als Fleisch!
2. Der Geschmack von Insekten ist für den Menschen anziehender als der Geschmack von Fleisch; das gilt besonders für die, die es gewohnt sind, beides in natürlichem Zustand, also roh zu essen.
3. Wenn man von der Produktion ausgeht, so ist der Ertrag bei Insekten besser als bei Fleisch. Bei rotem Fleisch, also z. B. bei Rind, ist der Ertrag 1 zu 8, was besagt, daß 8 Kilogramm pflanzliche Proteine nötig sind, um 1 Kilogramm Rindfleisch zu erzeugen. Bei Insekten dagegen ist der Proteinertrag erheblich besser: etwa 3 Kilogramm pflanzliche Proteine reichen aus, um 1 Kilogramm Insektenproteine zu erzielen. Insektenproteine sind in der Erzeugung demnach billiger als Fleischproteine.

Wenn man feststellen muß, daß bei der Umwandlung von pflanzlichem Eiweiß in tierisches der Ertrag nicht gut ist, dann sollte man

doch selbstverständlich versuchen, diesen Ertrag zu steigern. Ein
Weg, den Ertrag zu verbessern, könnte darin bestehen, Tiere auszuwählen, die bessere Umwandler sind. Warum sollte man die tra-
ditionelle Rinderzucht nicht durch eine Zucht von Heuschrecken
oder anderen eßbaren Insekten ersetzen?

Im Westen ist die Einbeziehung der Insekten in die menschliche
Ernährung vielleicht nur eine nützliche und angenehme Modeer-
scheinung, doch für die Zukunft der Länder der Dritten Welt ist
der Verzehr von Insekten möglicherweise eine Frage des Überle-
bens. Außerdem schätzen zahlreiche Stammesgruppen, die der
Natur nähergeblieben sind als wir, Insekten als Nahrungsmittel
sehr. Da bedürfte es von Regierungsseite nur eines kleinen Ansto-
ßes, um den Insektenverzehr, statt ihn als Merkmal der armen
Klassen zu brandmarken, zu rehabilitieren.

In den Schriften des ehemaligen Botschafters der Vereinigten
Nationen in Uganda, G.S. Ibingira, wird dokumentiert, daß die
Ugander auch heute noch gern Insekten essen (Defoliart, 1989):
»Wenn ich sehe, mit welcher Begeisterung sich Menschen und
Hühner gleichermaßen auf die Insekten stürzen, dann bin ich
davon überzeugt, daß die Insekten in der afrikanischen Gesell-
schaft auch weiterhin eine bedeutende Rolle spielen ... und zwar
besonders die Flugtermiten und die Heuschrecken. Bei zahlreichen
Stämmen gelten die als spezielle Leckerbissen.«

Das FIRDP (Food Insects Research and Development Project) ist
eine Forschungsgruppe, die an der Universität von Wisconsin in
Madison, USA, gegründet worden ist. Die Ziele dieser sehr
ernstzunehmenden Gruppe, die von offizieller Seite weder finan-
ziert wird noch sonstige Unterstützung erhält, bestehen darin,
Agraringenieuren, Wissenschaftlern und der Öffentlichkeit ein
Gespür dafür zu vermitteln, wie groß die Bedeutung der Insekten
als Nahrungquelle ist. Diese Gruppe betrachtet die starken Traditionen bestimmter Stämme Indiens, Südafrikas, Asiens und Mittel-

amerikas als Ausgangsbasis, von der aus das Interesse an Insekten als Nahrungsmittel gesteigert werden sollte.

Insekten bieten zahlreiche Vorteile, die es armen, schwach industrialisierten Ländern ermöglichen, ihre Massenproduktion zu günstigen Bedingungen auf die Beine zu stellen:
– Der Ertrag ist besser als bei anderen tierischen Proteinproduktionen (Fleisch, Eier).
– Insekten können mit allen möglichen Substanzen pflanzlicher Herkunft gefüttert werden, die von der traditionellen Landwirtschaft nicht immer zweckdienlich weiterverwendet werden.
– Pestizide, Düngemittel oder andere kostspielige Produkte, die nur bei vorhandener industrieller Infrastruktur erhältlich sind, sind nicht erforderlich.
– Man benötigt für die Zucht keinen Tierarzt: Grillen bekommen ihre Jungen ohne Schmerzen!
– Um Insekten effektiv produzieren zu können, ist keine Massenproduktion erforderlich. Kleine Zuchten vor Ort (jedem Dorf oder jeder Familie eine eigene Zucht!), deren Ertrag für den direkten Gebrauch bestimmt ist, ermöglichen einen wirkungsvollen Kampf gegen den Hunger, völlig unabhängig vom kommerziellen Warenumlauf und von der traditionellen Landwirtschaft.

Noch niemals hat man ein solches Projekt aufgezogen, um Menschen mit Nahrung zu versorgen. In Nepal wurden Lichtfallen verwendet, um für die Fischzucht Insekten zu fangen. Man fing dicke Grillen der Art »Brachytrypes portentosus«, vier Heuschreckenarten und Mistkäfer, die man an Fische und an das Geflügel verfütterte. Was dem Menschen alles einfällt, wenn er sein Federvieh ernähren will! Aber weshalb sollten die gleichen Insekten nicht direkt als Nahrung für den Menschen genutzt wer-

den? Sie ekeln sich davor? Was als ekelerregend empfunden wird,
ist relativ. Würden Sie etwa lieber verhungern?

> Wenn man das letzte Glied der Nahrungskette Pflanze-
> Insekt-Geflügel ausläßt, dann ist der Proteingewinn drei- bis
> viermal so hoch.

Manchmal kann der Einsatz ganz elementarer Technik vieles verändern. Eine kleine Geschichte soll diese These illustrieren: Wußten Sie, daß die Einführung der Straßenbeleuchtung in den Städten
Ostafrikas das Fangen von Heuschrecken, dort »nsenene« genannt,
revolutionierte, weil sich nämlich die Insekten in großen Scharen
um die Laternen sammelten? Diese Heuschrecken sind bei der
Bevölkerung so beliebt, daß, so berichtet Owens (1973), durch den
Ansturm der Bauern, die vom Land, wo es noch keinen Strom
gibt, in die Stadt kommen, um unter den Straßenlaternen »nsenene« aufzusammeln, in Kampala manchmal der Straßenverkehr
völlig zusammenbricht.

Genausogut lassen sich wilde Insekten in Geruchsfallen fangen.
Der japanische Mistkäfer »Popillia japonica« wird beispielsweise
von Duftstoffen angelockt, die den Sexualgeruch dieser Insekten
nachahmen. Gut konstruierte Fallen können bis zu 5.000 Mistkäfer aufnehmen, und in der richtigen Jahreszeit können die Fallen
innerhalb von weniger als 24 Stunden voll sein (Defoliart, 1989).
Zur Zeit beträgt der Anschaffungspreis für diese Pheromone, mit
denen man eine Falle für die Dauer von sechs Wochen betreiben
kann, 2-3 Dollar, doch eine Weiterentwicklung dieser Methoden
und der Einkauf von großen Mengen würde den Preis pro Falle
sicher auf höchstens 10 Cents für sechs Wochen senken. Die Falle
kann man ohne große Mühe aus billigem, umweltfreundlichen
Material selber bauen. Demnach ist der Einsatz solcher Fallen und
auch der von Lichtfallen in den armen Ländern, in denen die
Bevölkerung an Unterernährung leidet, leicht zu bewerkstelligen.

Die Forschungen auf dem Gebiet der Pheromone kommen zur Zeit leider nicht recht voran. Eine Schwierigkeit ist, daß die Sexualgerüche je nach Insektenart unterschiedlich sind. Für jedes neue Insekt, das gefangen werden soll, muß mit der Forschung wieder bei Null begonnen werden, um ein spezifisches Pheromon für eben diese Art zu entwickeln.

Um alle Bewohner unseres Planeten ernähren zu können, ist es dringend notwendig, zur Gewinnung großer Proteinmengen einfache Methoden zu entwickeln, die wenig kosten und umweltfreundlich sind. Die Insekten sind eine treffliche Antwort auf den weltweiten Proteinmangel. Wir, die Industrieländer, müssen ein Beispiel geben und die Produktionsmethoden entwickeln, denn die unterentwickelten Länder verfügen weder über das Wissen noch über die notwendige Infrastruktur auf dem Gebiet der Erziehung und Bildung, um derartige Projekte ausarbeiten zu können.

Im folgenden unterbreite ich einen Vierstufenplan, der zur Lösung des Welthungerproblems beitragen könnte:
Eine solche Aktion könnte beispielsweise von Hilfsorganisationen für die Dritte Welt wie »Ärzte ohne Grenzen«, »Ingenieure ohne Grenzen« oder von der Weltgesundheitsorganisation ausgearbeitet und überwacht werden.
1. Stufe: Die in den verschiedenen Ländern der Dritten Welt vorhandenen Insekten müssen aufgelistet werden. Dabei müßte man unterscheiden zwischen den Ländern, in denen diese Insekten schon für die Ernährung genutzt werden, und denen, in denen die Bevölkerung noch nicht weiß, daß die Insekten eßbar sind. In dieser ersten Stufe sollten Informationen in erster Linie aus der vorhandenen Literatur zusammengestellt werden; bei Bedarf müßten auch Reisen in die betreffenden Länder unternommen werden. Diese Stufe ist rein wissenschaftlicher Natur und zielt darauf ab,

die folgenden Schritte vorzubereiten. Die Untersuchungen, die bei
der Ausarbeitung dieses Buches und auf meinen diversen Aus-
landsreisen durchgeführt wurden, haben uns, wie ich meine, auf
diesem Weg schon ein beträchtliches Stück vorangebracht.

2. Stufe: Die Bevölkerung der am stärksten betroffenen Länder
(Länder, in denen Unterernährung herrscht und in denen auch
Insekten vorhanden sind) muß über die Möglichkeit und die Art
und Weise, wie die in ihrem Gebiet vorkommenden Insekten gefangen werden können, informiert werden. Diese Stufe dient der Information und der Unterweisung vor Ort. In diesem Stadium des Vier-
stufenplans sollten an Ort und Stelle Lichtfallen, besonders geeignete Netze und billige, mit Pheromonen betriebene Geruchsfallen
aufgestellt werden, um die Aktion zu unterstützen. Ins Auge gefaßt
werden sollte eine massive Ausbeute an Wanderheuschrecken und
Grashüpfern, zumal es mit den klassischen Methoden (Pestizide und
Insektizide) nicht gelungen ist, diese Insekten aus den kostbaren
Getreideernten, die ihnen als Nahrung dienen, zu vertreiben. Ein
einziger Wanderheuschreckenschwarm in Afrika besteht aus etwa
10 Milliarden Tieren (Gunn, 1960). Wenn man zugrundelegt, daß
auf eine Tonne ca. 300.000 Heuschrecken kommen (ein ausgewach-
senes Exemplar wiegt ungefähr 3,5g), dann beträgt das Gewicht
eines solchen Schwarms rund 35.000 Tonnen – eine nicht zu verach-
tende Ressource! Ein anderer Forscher (Walsh, 1986) wartet mit
noch eindrucksvolleren Zahlen auf: eine Heuschreckeninvasion
kann hundert Schwärme von je 1 Milliarde Exemplaren enthalten –
das sind insgesamt 350.000 Tonnen fliegender Heuschrecken! Wenn
man weiß, daß eine ausgewachsene Heuschrecke jeden Tag ihr eige-
nes Gewicht an Nahrung frißt, dann versteht man besser, welche
Gefahr für die örtliche Landwirtschaft von einer Heuschreckeninvasion ausgeht, und welch ein reicher Nahrungsvorrat für die dor-
tige Bevölkerung vorhanden wäre, wenn die sich nur entschließen
könnte, diese Insekten zu essen!

Ein Chemiker namens Das am Institut für Landwirtschaftliche Forschungen in Neu-Delhi faßt die Situation wie folgt zusammen: »Die Heuschrecke, die, solange sie lebt, eine große Bedrohung für die Ernten und die gesamte Vegetation darstellt, kann sich nach ihrem Tod als äußerst nützliches Nahrungsmittel entpuppen.«

Doch das Fangen von wildlebenden Insekten ist keine ausschließlich auf die unterentwickelten Länder beschränkte Möglichkeit. Ein in den USA mit der »Mormon cricket« unternommener Versuch (Defoliart, 1982) hat gezeigt, daß in bestimmten Fällen die Anzahl der Insekten pro Quadratmeter 10 bis 20 erreichen kann, was auf einen Quadratkilometer ein Insektentrockengewicht von 11 bis 22 Tonnen und somit 6,4 bis 12,8 Tonnen Eiweiß von hervorragendem Nährwert bedeutet.

3. Stufe: In den Ländern der Dritten Welt, in denen es sich als unmöglich erweist, wildlebende Insekten zu fangen, oder wo der Ertrag für den Bedarf der Bevölkerung nicht ausreicht, müßte anhand der dort vorhandenen Ressourcen herausgefunden werden, welche Insekten für eine Zucht am besten geeignet sind. Und dann müßte man die Bevölkerung im Aufbau von Insektenzuchten einer kleineren Größenordnung unterweisen, damit der Bedarf einer Familie oder eines Dorfes vor Ort befriedigt werden kann. In dieser Stufe sind Anleitung und Ausbildung vorgesehen. Die Insekten werden mit den Pflanzen der Umgebung gefüttert und je nach Bedarf von den Einwohnern an Ort und Stelle verzehrt. Solche Zuchten wären folglich unabhängig von den wirtschaftlichen, politischen und militärischen Verhältnissen der betreffenden Staaten, die in den Ländern der Dritten Welt stets instabil und oft sogar katastrophal sind. Selbst in Fällen äußerster Armut, selbst wenn der Dollar steigt, wenn es einen Börsenkrach oder gar einen Weltkrieg gibt ... diese Zuchten funktionieren auch dann noch

und ernähren weiterhin die Bevölkerung. Solche unabhängigen, autonomen Zuchten verursachen der Regierung und der Wirtschaft keinerlei Kosten, bringen ihnen allerdings auch nichts ein: ihr Ziel ist einzig und allein, eine bessere Ernährung der Bevölkerung zu gewährleisten und sie von ausländischen Staaten und der eigenen Staatsgewalt unabhängiger zu machen.

Von den einfach zu produzierenden Insekten sind folgende besonders hervorzuheben: die Wanderheuschrecke »Schistocerca gregaria«, die sich von dem Getreide auf den Feldern ernährt und also auch in Gefangenschaft mit frischem oder gekeimtem Getreide leicht zu füttern ist, und das Heimchen »Acheta domestica«, ein sehr widerstandsfähiger Allesfresser, der aus den vorhandenen Vorräten wie Pflanzen, Blättern, Gräsern und Wurzeln ernährt werden kann. Bei der Durchführung der zweiten und der dritten Stufe dieses Projekts kann man, wie es die FIRDP (s.S. 68) vorschlägt, darauf aufbauen, daß traditionell in zahlreichen Ländern bereits bestimmte Insekten gegessen werden. Um die Verwendung von Insekten für die Ernährung weiter voranzutreiben, würde es demnach genügen, diese vorhandenen Traditionen zu fördern.

4. Stufe: Es müßten industrielle Produktionsverfahren für eine Insektenzucht in großem Maßstab entwickelt werden. Diese Stufe ist die Phase der Industrialisierung. Im Vergleich zu den Investitionen, die zur Errichtung von Produktionsstätten der Schwerindustrie erforderlich sind, wäre der Aufbau von Produktionseinheiten der Insektenzucht nicht teuer. Man könnte große Insektenmengen produzieren, um beispielsweise die Bewohner eines ganzen Landes oder einer Region mit Nahrung zu versorgen. Gleichzeitig böte die Errichtung von Insektenproduktionsstätten den Vorteil der Weiterentwicklung der Agrarindustrie und damit der Gesamtwirtschaft in den armen Ländern. Diese Produktionsstätten würden auch Arbeitsplätze schaffen. Ein Teil der Insektenproduktion, die

unter Verwendung der örtlichen Vegetation als Futter und mit den billigen Arbeitskräften in den Entwicklungsländern kostengünstig produziert werden könnte, könnte dann in reiche Länder wie z. B. Europa oder Amerika exportiert werden. Da die Arbeitskraft in den Industrieländern wesentlich teurer ist, was den Produktionspreis in die Höhe treibt, wären die Insekten aus den Entwicklungsländern auf dem internationalen Markt bestimmt konkurrenzfähig. Das würde dazu beitragen, das Handelsgleichgewicht zwischen den armen und den reichen Ländern wiederherzustellen. Und doch bringen solche industriellen Agrarverfahren auch Nachteile mit sich: sie sind schwerer in die Tat umzusetzen als die Stufen 2 und 3 des Projekts; sie reagieren empfindlich auf ökonomische und politische Veränderungen und machen die örtliche Bevölkerung abhängig vom kommerziellen Warenverkehr; eine ohnehin sehr arme Bevölkerung würde sich dann womöglich gezwungen sehen, die Produzenten um Insekten anzubetteln. Außerdem macht die Konservierung großer Insektenmengen auch die Anwendung von Trocknungs- und Sterilisationsverfahren, von Gar- und Zubereitungsmethoden usw. notwendig, wodurch die Insekten denaturiert werden und damit für uns weniger wertvoll (Primaten sind bekanntlich so strukturiert, daß sie frisch gesammelte Insekten, nicht aber Insekten aus der Dose essen). Es wäre unvernünftig, Dorfbewohner von minderwertigen Insektenpasteten abhängig zu machen, die sie zudem noch teuer kaufen müßten, während sie die betreffenden Insekten doch wahrscheinlich ganz einfach und kostenlos selbst sammeln oder produzieren könnten.

Es wäre also ideal, schrittweise alle vier vorgeschlagenen Phasen zu durchlaufen, und zwar wie folgt:
1. Sammeln von Informationen über die Verwendung von Insekten in der menschlichen Ernährung,

2. Information und Unterweisung der Bevölkerung in den Ländern, wo eßbare Insekten zu finden sind, über die Möglichkeit,
Insekten zu fangen, haltbar zu machen und zu essen,
3. Unterweisung der Bevölkerung im Aufbau von Insektenzuchten, die auf örtlicher Ebene den Bedarf einer Familie oder eines
Dorfes befriedigen können,
4. Phase der Industrialisierung, um größere Mengen eßbarer Insekten zu einem möglichst niedrigen Preis zu produzieren.

*»Die Produktion von Insekten zu Ernährungszwecken könnte dazu beitragen, den
Hunger und die Unterernährung in der Welt zu verringern.«*

de Conconi, Forscher am Biologischen Institut der Universität von Mexiko

Wie können Insekten gegessen werden?

»Heute habe ich im Garten einen schönen blauen Mistkäfer gegessen. Er hat gut geschmeckt. Ein ganz feiner, neuartiger, ausgezeichneter Geschmack!«

Auszug aus einem Brief einer Freundin, die gerne Insekten mag.

Vorbemerkung:

Insekten sind eine wichtige Proteinquelle. Der Verzehr einer vernünftigen Insektenportion von guter Qualität bedeutet für die Gesundheit keinerlei Gefahr, ganz im Gegenteil! Nehmen Sie aber nur eßbare Insekten zu sich, die in ihrem Naturzustand vom Geschmack und Geruch her annehmbar sind. Essen Sie nicht zuviel davon, besonders bei Ihren ersten Versuchen. Es gilt wie bei allen guten Dingen: eine gewisse Insektenmenge zu essen, ist förderlich, ein Zuviel ist schädlich. Bevorzugen Sie frische Insekten, die aus einer natürlichen und gesunden Umgebung stammen. Nehmen Sie keine Insekten von zweifelhafter Qualität zu sich (in der Stadt gesammelte, verseuchte Insekten oder Insekten, die unangenehm riechen, unzureichend konserviert oder durch Insektizide umgekommen sind). Hier gilt selbstverständlich das gleiche wie für alle anderen Nahrungsmittel, nämlich daß sich die Qualität der Insekten mit ihrer Verwendung als Nahrungsmittel vereinbaren lassen muß. Der Autor möchte auf keinen Fall dafür verantwortlich gemacht werden, wenn ungenießbare Insekten oder solche von mangelhafter Qualität verzehrt werden.

Wenn Sie sich an diese Vorgaben halten, werden Ihnen Ihre neuen kulinarischen Entdeckungen großen Genuß bereiten, und ich wünsche Ihnen:

Guten Appetit!

Welche Insekten kann man ohne Risiko probieren?

Bei Ihren ersten Versuchen beginnen Sie am besten mit Insekten, die Ihnen nicht allzu widerlich sind: nehmen Sie beispielsweise Grashüpfer, die Sie im Sommer auf den Feldern sammeln können, oder Grillen aus einer Zucht, wie ich sie Ihnen später vorstelle.

Wie sollte Ihr erster Versuch am besten ablaufen?

Ihre erste Insektenprobe könnten Sie machen, nachdem Sie bei einem Ausflug aufs Land einige Grashüpfer oder Grillen gefangen haben. Sie haben dann die Wahl, sie entweder gleich an Ort und Stelle zu verspeisen, oder sie, tot oder lebendig, mitzunehmen und sie zu Hause mit Ihren Freunden oder mit Ihrer Familie zu probieren.

Sollte man Insekten lebendig oder tot, roh oder gegart, »nature« oder angemacht verzehren?

Es gibt mehrere Möglichkeiten, Insekten zu essen. Für Ihre ersten Versuche rate ich Ihnen, die Insekten gegart oder angemacht, beispielsweise geröstet oder getrocknet, wodurch sie knusprig werden, oder mit einer Vinaigrette-Sauce, mit Ketchup oder Senf zu essen, auf jeden Fall aber frisch und ohne Kopf und Beine.
Ich persönlich esse Nahrungsmittel vollkommen naturbelassen: frisch und so wie man sie in der Natur antrifft, das heißt, weder gegart noch angemacht, denn diese Ernährungsform bekommt mir ausgezeichnet. Mit Insekten halte ich es ebenso: ich esse sie frisch und ohne Zutaten. So kann ich den wahren Geschmack der Insekten entdecken, und das ist, da sie zum größten Teil köstlich

schmecken, für mich natürlich ein besonderer Genuß! Doch es gibt auf der Welt ziemlich wenig Menschen, die Insekten in dieser Form verspeisen: die meisten, und sogar die Stammesgesellschaften, garen sie vor dem Verzehr. Probieren Sie am besten beides aus – die Insekten gegart oder »nature« zu essen – und entscheiden Sie dann selbst, was Ihnen besser zusagt. Abgesehen von meinen ersten Versuchen, bei denen ich auch ein wenig Ekel empfand und mich – daran erinnere ich mich gut – selbst überlisten mußte, als ich das tote Insekt probierte, esse ich heute kleine Insekten wie z. B. Grillen, Grashüpfer, Larven und Raupen lebendig und stecke sie, so wie sie sind, in den Mund. Erfahrungsgemäß fällt es bei den ersten Versuchen gar nicht leicht, ein Insekt lebendig in den Mund zu nehmen, da man ja nicht daran gewöhnt ist. Sie können es natürlich zuerst töten, etwa indem Sie ihm den Kopf abschneiden. Dann bewegen die Insekten sich nicht mehr so heftig und lassen sich leichter hinunterschlucken.

Sollte man das ganze Insekt samt Kopf essen oder nur den Körper?

Sie können von einem Insekt alles essen, was Ihnen vom Geschmack her annehmbar erscheint und von dem Sie wissen, daß es genießbar ist.
Im allgemeinen ißt man kleine Insekten wie Grillen, Grashüpfer, Larven, Ameisen oder Ameiseneier etc. ganz. Dagegen kann man bei größeren Insekten nur den Körper essen und sollte Kopf, Beine und auch den Panzer, der den Hinterleib schützt, beiseitelassen, wenn er zu dick ist, besonders wenn es sich um so große tropische Insekten handelt wie die dicken Scarabäen, die so groß wie ein Golfball sein können. In Zentralafrika röstet man diese großen Scarabäen an Spießen über einem Holzfeuer.

Essen Kenner Insekten roh oder gegart?

Insekten kann man wie Meeresfrüchte, beispielsweise Garnelen oder Langusten, »nature« oder auf verschiedene Arten zubereitet essen. Seit dem Beginn meiner Erfahrungen mit Insekten habe ich beobachten können, wie etwa fünfzig Personen lernten, Insekten »nature« zu essen. Ist die anfängliche Ekelphase, die bei den ersten zwei oder drei Versuchen unvermeidlich ist, erst einmal vorüber, dann bevorzugen Kenner die Insekten genau wie Austern oder Garnelen im rohen, naturbelassenen Zustand. Doch im weiteren finden diejenigen, die die Küche der Natur vorziehen, Rezeptvorschläge zur Zubereitung von Insekten.
Und hier ist die Antwort auf die Frage, die wir uns gestellt haben:

Man kann Insekten sowohl »nature« als auch zubereitet essen, doch Feinschmecker geben den Insekten »nature« den Vorzug.

Sollte man Insekten als Zwischen- oder als Hauptmahlzeit essen?

Ganz allgemein gilt, daß bei einer Mahlzeit nicht zu viele verschiedene Nahrungsmittel gemischt werden sollten. Wenn Ihre Mahlzeiten ohnehin bereits sehr reichhaltig sind, sollten Sie die Insekten vorzugsweise zwischen den Hauptmahlzeiten essen, denn ohne Vermischung sind sie besser verdaulich. Zu einer Mahlzeit können Sie mehrere Insekten derselben Spezies essen, z. B. mehrere Grillen, die auf ein und demselben Feld gesammelt wurden. Sie sollten es dagegen vermeiden, verschiedene Insektenarten bei einer Mahlzeit zu mischen: es empfiehlt sich nicht, etwa gleichzeitig Raupen, Grillen und Termiten zu sich zu nehmen, wie man ja auch vermeidet, Fleisch, Fisch und Eier zu einer Mahlzeit zu vermischen. Essen Sie nach Möglichkeit bei einer Mahlzeit nur eine der tierischen Proteinarten: Fleisch oder Fisch oder Insekten oder Eier. Mischungen verschiedener tierischer Proteine belasten unnötig die Verdauung.

Wieviel Insekten sollte man sich zu nehmen?

Bei Ihren ersten Versuchen sollten Sie mit kleineren Mengen beginnen und nur ein wenig kosten. Ihre erste Insektenmahlzeit könnte beispielsweise aus einer einzigen Grille bestehen: sie wiegt zwar nicht einmal ein Gramm, würde aber doch ausreichen, um sich daran zu gewöhnen und festzustellen, wie sie schmeckt und um den Widerwillen zu überwinden, der Sie bei der Vorstellung überfällt, sie in den Mund zu stecken. Beim nächsten Mal könnten Sie dann schon zwei oder drei verzehren und so die Menge kontinuierlich steigern. Wenn Sie die Mengen immer weiter erhöhen, kommt während einer Mahlzeit irgendwann der Moment, in dem Ihnen das rohe Insekt nicht mehr schmeckt: der Geschmack wird fade oder Sie verspüren ein Brennen auf der Zunge oder das Schlucken fällt Ihnen schwer. Wenn das passiert, dann essen Sie nicht weiter, sondern spucken alles wieder aus: Ihr Organismus zeigt Ihnen auf diese Weise genau an, wann die Menge erreicht ist, die er benötigt. Dieser instinktive Mechanismus funktioniert aber nur bei Insekten, die so verzehrt werden, wie sie in der Natur anzutreffen sind, lebendig oder tot, jedoch nicht gegart oder mit anderen Nahrungsmitteln vermischt oder angemacht. Wenn Sie z. B. Grillen essen, indem Sie sie einfach lebendig in den Mund stecken, werden die Veränderungen im Geschmack Ihnen anzeigen, wann Sie aufhören müssen, davon zu essen. Diese Geschmacksveränderung tritt manchmal schon beim ersten Bissen auf, manchmal nach einigen Insekten, manchmal erst nach größeren Mengen. Der Augenblick, in dem sich das instinktive »Stopp!«

meldet, ist nicht vorhersehbar, man muß einfach mit dem Essen aufhören, wenn der Geschmack sich verändert.

Aber bei Grillen, die mit einer Vinaigrette-Sauce serviert, in der Pfanne gebraten oder in Honig gelegt werden, gibt es diese Geschmacksveränderungen nicht. Das gilt übrigens auch für Meeresfrüchte, Muscheln, Früchte, Gemüse und alle anderen rohen Nahrungsmittel: wenn Ihr Körper danach verlangt, sollten Sie sie am besten in ihrer Rohform zu sich nehmen, also ohne sie zu garen oder zu vermischen; Ihr Organismus wird Ihnen dann das benötigte Quantum anzeigen. Wenn der Geschmack im naturbelassenen Zustand nicht so gut ist wie der des zubereiteten Nahrungsmittels, dann haben Sie schon zuviel davon gegessen: lassen Sie einige Mahlzeiten aus, und das rohe Nahrungsmittel wird Ihnen wieder besser schmecken.

Wenn Sie ein neues eßbares Insekt ausprobieren, beginnen Sie mit kleinen Mengen und erhöhen dann schrittweise das Quantum, bis dieses Insekt für Sie zu einem ganz normalen Nahrungsmittel wird.

Wie kann der Ekel überwunden werden, der unvermeidlich auftritt, sobald Sie ein neues Insekt probieren?

Bei den ersten Versuchen lösen Insekten häufig Ekel aus. Wie wir später noch sehen werden, bedeutet das paradoxerweise, daß dieses Insekt für Ihre Gesundheit eine positive Rolle spielen kann.

Es empfiehlt sich also, nach der Methode vorzugehen, die man wie folgt bezeichnet:

Probieren – Ausspucken

Stecken Sie das Nahrungsmittel nicht in den Mund, um es hinunterzuschlucken, sondern nur, um den Geschmack zu kosten, kauen Sie ein wenig darauf herum und spucken Sie dann alles wieder aus. So machen es die professionellen Weinkoster. Sie riskieren auf diese Weise nicht die kleinste Vergiftung, keine Unverträglichkeitsreaktion und auch keine Verdauungsschwierigkeiten. Und Sie können nacheinander verschiedene Insekten mit dem »Probieren-Ausspucken«-Verfahren testen, ohne Ihren Magen und Ihre Verdauung zu belasten, denn Sie schlucken ja nichts hinunter.
Alle Vorteile einer Probe ohne jedes Risiko!

Die Methode »Probieren-Ausspucken« ist eine ausgezeichnete Art, neue Nahrungsmittel kennenzulernen, die Ihnen ein wenig unheimlich sind. Nach und nach gewöhnen Sie sich an das Insekt, an seinen Geschmack, und bald werden Sie vielleicht die freudige Überraschung erleben, daß das Insekt, das Ihnen am meisten Abscheu einflößte, in Wahrheit das schmackhafteste ist...
Wichtig: Wenn das Insekt nicht schmeckt, schlucken Sie nicht einmal den ersten Bissen hinunter – spucken Sie ihn wieder aus. Wenn das Insekt dagegen schmackhaft ist, können Sie weiteressen.

Kochrezepte mit Insekten

Die meisten dieser Rezepte sind von Zubereitungsverfahren aus den traditionellen Gesellschaften Afrikas und Asiens beeinflußt, wo heute noch Insekten gegessen werden. Diese Rezeptliste ist natürlich nicht vollständig, und Sie können mühelos selbst noch Hunderte von Varianten erfinden.
Im allgemeinen werden Insekten wie Fleisch oder Fisch eher salzig als süß gegessen. Man kann zahlreiche klassische Rezepte auf der

Basis von Fleisch oder Fisch verwenden und an ihrer Stelle Insekten nehmen.

Hier nun einige Rezepte auf der Basis von Grillen, die einfach zu züchten, und von Grashüpfern, die leicht zu sammeln sind:

Feldgrillen-Snack

Stellen Sie die Grillen in einer Pfanne auf den Herd. Rösten Sie sie bei mittlerer Hitze etwa zehn Minuten. Da die geringe Hitze sehr schnell ins Innere der Grillen vordringt, sind sie rasch gar. Nehmen Sie die Grillen vom Feuer, salzen Sie sie, lassen Sie sie abkühlen und servieren Sie sie als Knabberei wie Erdnüsse oder Chips. Sie können den Geschmack noch verfeinern, indem Sie die Grillen vor dem Rösten mit aromatischen Kräutern wie Thymian oder Zimt bestäuben.

Grillen-Pastete

Mischen Sie in einer Schüssel zerdrückte Grillen mit aromatischen Kräutern, etwas Salz, Wacholder, Lorbeer und Margarine. Geben Sie alles in eine mit Speck ausgelegte Form. Lassen Sie das Gericht bei mittlerer Hitze dreißig Minuten garen. Es kann als warmes Hauptgericht oder als kalte Vorspeise serviert werden.

Salat »Cri-cri« (Salat mit Grillen)

Bereiten Sie aus grünem Salat, Tomaten, Paprikaschoten, geriebenen Möhren und anderen Gemüsen einen Rohkostsalat. Belegen Sie den Salat zur Dekoration mit gerösteten, gesalzenen Grillen oder anderen Insekten (siehe Grillen-Snack). So erreichen Sie, ähnlich wie mit Walnußhälften, eine dekorative Wirkung und einen besonderen geschmacklichen Effekt.

Mittelmeer-Sauce mit Grillen

Lassen Sie auf kleiner Flamme Tomaten, feingehackte Zwiebeln,

Thymian und Lorbeer sowie feingehackten Insekten (Grillen oder Grashüpfer) in Butter oder Olivenöl köcheln, bis die Insekten weich sind und sich im Gericht aufgelöst haben. Servieren Sie diese Sauce heiß zu Reis, Kuskusgrieß, weißem Fisch, Huhn oder zu Spaghetti. Besonders gut paßt diese Sauce zu mediterranen Gerichten, beispielsweise zu Spaghetti à la bolognaise.

Grashüpfer-Ragout

Ersetzen Sie in einem Ragout das Fleisch durch Grashüpfer oder Grillen. Sie können auch in eine Ratatouille nach Art des Hauses Grillen oder Grashüpfer geben. Da die Insekten klein und daher schnell gar sind, sollte man sie erst relativ spät zu dem kochenden Gericht hinzufügen.

»Springende« Pfannkuchen

Mischen Sie unter Ihrer Pfannkuchenteig feingehackte Grillen. Braten Sie Ihre Pfannkuchen wie gewöhnlich und servieren Sie sie heiß und leicht gesalzen. Sie können die Pfannkuchen auch aufgerollt servieren, nachdem Sie sie zuvor mit ein wenig Bechamelsauce bestrichen haben.

Knusprige Pfannkuchen und Waffeln

Bereiten Sie Pfannkuchen oder Waffeln, wie Sie es gewohnt sind, oder auch mit feingehackten Insekten im Teig. Geben Sie auf die Pfannkuchen entweder geröstete, gesalzene Grillen (wie oben beschrieben) oder eine Mittelmeer-Sauce mit Grillen. Sie können das Gericht auch mit einem Spiegelei oder einer Kräutersauce servieren.

Kreolische Heuschrecken

Bereiten Sie aus Gemüsen, Kartoffeln usw. ein kreolisches Ragout, doch ersetzen Sie das Fleisch oder die Garnelen und Gambas durch Insekten. Würzen Sie recht scharf mit einer Pfeffer- oder Currysauce. Das Gericht paßt gut zu einer Reisplatte, und vorweg kann man einen Rohkostsalat servieren.

Larven-Suprème
Lassen Sie in einem Topf oder in einer Pfanne Larven bei kleiner Hitze köcheln, bis Sie eine breiartige Masse erhalten. Salzen Sie und geben Sie einen Stich Butter zu. Servieren Sie das Püree heiß als Beilage zu einem Hauptgericht (es paßt gut zu feinen, zarten Fischen wie Rochen, Dorsch oder Schwertfisch) oder kalt auf Kanapees oder Kräckern als Appetitanreger, so wie man Kaviar anbietet.

Paella mit Grillen
Ersetzen Sie bei einer Paella die Garnelen durch Grillen oder Grashüpfer.

Grillen-Beignets (ausgebackene Grillen)
Wälzen Sie Grillen in Mehl. Lassen Sie sie dann wie Pommes frites einige Minuten in heißem Öl brutzeln. Mit ein wenig Salz kann man sie als Snack oder als Vorspeise servieren. Gezuckert kann man die ausgebackenen Grillen auch als Dessert oder als Zwischenmahlzeit anbieten.

Fritierte Larven und Raupen
Lassen Sie Larven und Raupen in heißem Öl brutzeln. Sie können sie vorher auch in Mehl wälzen, um sie zu Beignets auszubacken. Salzen Sie sie und servieren Sie sie heiß zu einem gut gekühlten Weißwein. Einige Völker in Südostasien, die regelmäßig große Larven verzehren, fritieren oder rösten sie am Spieß über einem Holzfeuer.

Flambierte Bananen mit Insekten und Rum

Schmoren Sie Bananen kurz in einer gebutterten Pfanne. Geben Sie dann Schmetterlingspuppen oder Larven von anderen genügend großen Insekten hinzu. Gießen Sie mit Rum an. Lassen Sie ihn nur kurz brennen, damit die Insekten ein wenig im Alkohol ziehen können. Dieses Gericht sollte warm gegessen werden. Vorzüglich schmeckt es mit Schlagsahne oder Vanilleeis.

Schoko-Knabberei (in Schokolade gehüllte Insekten)

Lassen Sie bittere Schokolade im Wasserbad mit Zucker und ein wenig Butter schmelzen. Bereiten Sie die Insekten vor; sie können klein sein, wie z. B. Ameisen, oder größer, wie Grillen, Grashüpfer, Larven, Puppen etc. Tauchen Sie die Insekten in die geschmolzene Schokolade und lassen Sie die Schokolade bei Zimmertemperatur oder im Kühlschrank fest werden.

An der Sonne getrocknete Grillen

Sammeln Sie Grillen und lassen Sie sie, nachdem Sie sie getötet haben, auf einem Blech ausgebreitet in der Sonne trocknen. Wenn Sie in einer Wohnung leben oder wenn der Himmel bedeckt ist, können die Grillen auch auf sehr kleinem Feuer oder einfach auf einem Blech über der Heizung getrocknet werden. Die getrockneten Grillen halten, wie getrocknete Champignons, bei trockener Aufbewahrung ziemlich lange. Man kann sie einfach so oder mit ein wenig Salz anbieten.

Gekochte Insekten

Kochen Sie Insekten in ein wenig Wasser in einer Kasserolle oder im Schnellkochtopf. Lassen Sie sie köcheln, bis Sie eine breiartige Masse erhalten. Sie können sie beispielsweise mit grünen Bohnen oder mit einem Rohkostsalat als Hauptgericht servieren. Viele Völker, die Insekten essen, machen es so und lassen sie in ein wenig Wasser köcheln, bis sie einen Insektenbrei erhalten, der nur noch gewürzt werden muß.

Grillen »nature«

Und zum Schluß: vergessen Sie nicht, daß man Insekten auch roh essen kann, so wie sie sind, lebendig oder wenigstens ohne jede Zubereitung, höchstens mit ein wenig Salz oder vielleicht mit etwas Zitronenschale, ein paar Tropfen Essig oder ein wenig Mayonnaise, so wie man Austern oder Garnelen ißt. Echte Feinschmecker essen sie am liebsten »nature«!

Guten Appetit!

Insekten, angerichtet im Restaurant von Joël Robuchon in Paris

Insektenteller, angerichtet in Bruno Combys Restaurant

Bruno Comby vor einer Auslage von Gerichten

Bruno Comby ißt eine afrikanische Heuschrecke

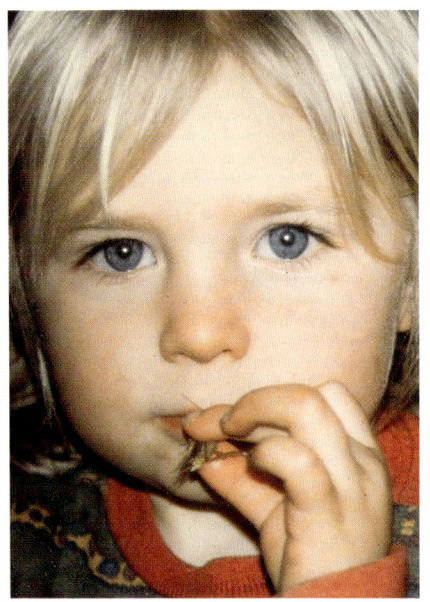
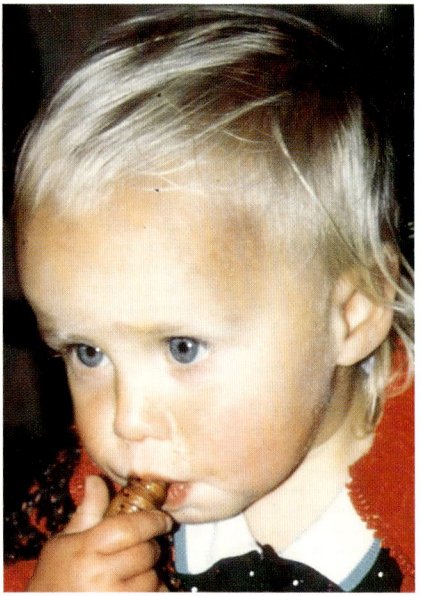

Kinder genießen Insekten ohne Vorurteile

Ein erlesenes Insektenmenü

Die Bedeutung von Vorliebe und Widerwillen: Die Theorie der instinktiven Sperre

»In dem, was heute unglaublich und seltsam erscheint, kündigt sich schon die Zukunft an.«

Marcel Proust

»Bienenlarven sind reich an Vitaminen A und D und schmecken ausgezeichnet... Als die Larven von einer Jury kanadischer Feinschmecker getestet wurden, äußerten sich die meisten beifällig, manche waren sogar begeistert. Es zeigte sich, daß das anfängliche Gefühl des Ekels, das bei der Vorstellung, Larven zu probieren, aufgekommen war, schneller als erwartet überwunden werden konnte. Als die Jury-Mitglieder aufgefordert wurden, den Geschmack der getesteten Substanz mit herkömmlicher Nahrung zu vergleichen, wurden Nüsse, gegrillte Schweinskoteletts, Sonnenblumenkerne und »Rice-Crispies«, die man zum Frühstück ißt, am häufigsten genannt.«

Hocking und Matsamura

Die Empfehlung, Insekten zu Ernährungszwecken zu verwenden, ruft in unseren Breiten meist Abscheu hervor. Diese Aversion gibt es nur in Wohlstandsländern. In den meisten armen Ländern Afrikas, Asiens sowie Mittel- und Südamerikas, wo viele Völker immer noch Insekten essen, trifft man sie nicht an. Dieser Widerwille entwickelt sich erst mit zunehmendem Alter – bei kleinen Kindern ist er nicht vorhanden. In früheren Zeiten gab es ihn auch in Europa nicht: wie ich hier schon ausgeführt habe, waren Zikaden bei den Griechen und den Römern ein verbreitetes Nahrungsmittel (Touber, 1977).

Es sind wirklich nur die Europäer und die Menschen in den Wohlstandsländern, die die Vorstellung, Insekten zu verspeisen, abstoßend und ekelhaft finden.

Insekten sind ein wichtiger Bestandteil der Proteinversorgung bei allen Primaten. Bei allen? Nein! Bei allen außer einer Spezies –

und das ist der moderne Mensch. Und in dem Maße, wie wir unsere Art zu leben und unser Gesellschaftsmodell in alle Länder der Welt exportieren, nehmen auch sie davon Abstand, in ihrer Ernährung Insekten zu verwenden. Weshalb? Weil der Verzehr von umgewandelten und insbesondere durch das Garen veränderten Nahrungsmitteln, wie wir im Zusammenhang mit der Theorie der unbewußten Sperre noch sehen werden, dazu führt, daß Insekten ein Gefühl des Ekels hervorrufen.

Der Widerwille, den wir bei dem Gedanken, wir sollten Insekten essen, verspüren, resultiert aus der Tatsache, daß wir sonst im allgemeinen Nahrungsmittel zu uns nehmen, die nicht für uns geeignet sind, wie beispielsweise Kuhmilch, gegarte Nahrungsmittel usw.

Glücklicherweise beweist das Experiment, daß das Ekelgefühl, das »zivilisierte« Menschen Insekten gegenüber empfinden, nicht tiefgehend ist: der Europäer ist durchaus fähig, Insekten zu essen.

Auch ich war äußerst skeptisch, als es darum ging, Insekten zu probieren, doch schon bei meinen ersten Versuchen und angesichts der Fakten mußte ich mir eingestehen: Insekten schmecken köstlich und sind ausgezeichnet verdaulich – man muß sich nur ein Herz fassen und den Versuch wagen. Ich habe dieses Experiment mit Freiwilligen und Freunden viele Male überprüfen können: ich gab ihnen Grillen aus meiner eigenen Zucht oder Insekten, die ich bei meinen Spaziergängen aufs Geratewohl gesammelt hatte. Alle diese Personen bestätigten, was ich schon an mir selbst beobachtet hatte: das Ekelgefühl, das man bei der Vorstellung verspürt, man solle Insekten essen, sitzt nicht tief und verschwindet fast augenblicklich, sobald man welche ißt.

Anders gesagt: wenn man Insekten ißt, ist nur der erste Bissen heikel, danach schmecken sie köstlich.

Dies wird übrigens durch das Beispiel der Europäer in Zimbabwe bestätigt. In diesem Land essen die Einheimischen mit Genuß Raupen, Termiten, Heuschrecken etc. in großen Mengen, und die europäischen Einwanderer, die zuerst davon angeekelt sind, beginnen dann sehr bald, auch Insekten zu essen (Defoliart, 1989). Das beweist, daß der moderne Mensch immer noch ohne Schaden für seine Gesundheit Insekten genießen kann, was meine persönlichen Erfahrungen auf diesem Gebiet bestätigt.

Der Ekel, den der moderne Mensch bei der Vorstellung, er solle Insekten essen, empfindet, sollte ihn keineswegs daran hindern, sie zu probieren.

Die Erfahrung lehrt nämlich in der Tat, daß das Ekelgefühl verschwindet, sobald man zu kauen beginnt, und daß der Geschmack oft um so köstlicher empfunden wird, je heftiger zuvor der Ekel war – ein Phänomen, das wir dank der Theorie von der instinktiven Sperre, die sich hier anschließt, besser verstehen werden.

Die Theorie der instinktiven Sperre

Die Theorie von dem Affen »Mensch« (wir werden sie später noch erörtern), macht uns begreiflich, wieso der moderne Mensch immer noch Insekten essen kann. Wir werden außerdem sehen, daß die Entomophagie sich ausgezeichnet mit unseren genetischen Anlagen verträgt und daß der Verzehr von Insekten darüber hinaus im Rahmen einer optimalen Ernährung sogar notwendig ist.
Durch die Theorie von der instinktiven Sperre können wir auch verstehen, weshalb der über- und gleichzeitig fehlernährte Mensch der westlichen Welt Insekten ekelerregend findet, während sie für die Naturvölker ein Leckerbissen sind. Sie läßt uns auch erkennen, warum dieser Ekel, der nur an der Oberfläche vorhanden ist, para-

doxerweise bedeutet, daß wir einen großen Bedarf an Insekten in unserer Ernährung haben.

Die Theorie über die instinktive Sperre gliedert sich in folgende Punkte, auf die wir im weiteren noch ausführlicher eingehen:

Die ersten drei Punkte betreffen die Wirkungsweise des Nahrungstriebs bei unverfälschten Nahrungsmitteln.

1. Früher verfügte der Mensch gegenüber rohen und 100% naturbelassenen Nahrungsmitteln über einen Nahrungsinstinkt, der ihm anzeigte, was er essen sollte und was nicht.

2. Dieser Instinkt funktioniert auch beim modernen Menschen noch. Er ist in erster Linie auf Geruch und Geschmack abgestellt und darauf ausgerichtet, das, was der Körper benötigt, von Geruch und Geschmack her angenehm, und das, was er nicht braucht, eher unangenehm zu finden.

3. Dieser Nahrungsinstinkt funktioniert nur bei 100% natürlichen und rohen Nahrungsmitteln richtig.

Die Situation des modernen Menschen – chronische Nahrungsmittelvergiftung:

4. Wir meinen, daß der moderne Mensch nicht für den ausschließlichen Verzehr von neuartigen, für ihn unnatürlichen Lebensmitteln geeignet ist; zu nennen sind da beispielsweise gegarte Nahrungsmittel oder Tiermilch. Unnatürlich oder künstlich bedeutet in diesem Zusammenhang, daß dieses Nahrungsmittel nicht ohne den Einsatz irgendeines Hilfsmittels zu bekommen ist.

5. Mit der Zeit führt der Verzehr von künstlichen Nahrungsmitteln zu einer Anhäufung von anomalen Substanzen im Organismus.

In den folgenden Punkten geht es um den Ekel und seine Bedeutung:

6. Diese Anhäufung von anomalen Substanzen bewirkt, daß wir gegenüber rohen Nahrungsmitteln, die für uns am besten geeignet sind, Ekel empfinden, und ganz besonders gegenüber Insekten.

7. Dieses Ekelgefühl tritt demnach bei den durch überreichliche und/oder ungeeignete Ernährung am stärksten vergifteten Völkern am deutlichsten in Erscheinung, das heißt: im Westen.

8. Völker, deren Ernährungsweise der der Primaten noch ähnlich ist, kennen dieses Ekelgefühl nicht.

9. Auch bei Völkern, die immer Insekten gegessen haben, gibt es das Gefühl des Ekels nicht.

10. Das Ekelgefühl gegenüber einem Nahrungsmittel hält nur so lange an, bis man davon gekostet hat.

11. Das Ekelgefühl verschwindet, sobald man von dem betreffenden Nahrungsmittel gegessen hat.

12. In Wahrheit haben wir die Nahrungsmittel, vor denen wir uns ekeln (und besonders Insekten), für unsere Gesundheit am dringendsten nötig.

Nehmen wir jetzt Punkt für Punkt noch einmal auf und gehen ausführlicher darauf ein:

Punkt 1: Früher besaß der Mensch einen Instinkt, der ihm bei rohen und 100% naturbelassenen Nahrungsmitteln anzeigte, was er als Nahrung zu sich nehmen sollte – wie es bei den Tieren auch heute noch ist.

Dies ist eine Folge der Evolutionsgesetze, was wir Ihnen hier durch ein Absurdum beweisen wollen: ein Tier ohne Instinkt würde sterben oder durch die natürliche Auslese bald eliminiert werden, folglich besitzen Tiere einen Instinkt. Auch der Mensch müßte, wie die Tiere und aus den gleichen Gründen, nach den Gesetzen der Logik über einen Nahrungsinstinkt verfügen oder zumindest irgendwann einmal verfügt haben. Warum scheint dieser Nahrungsinstinkt nicht mehr vorhanden zu sein oder warum scheint er nicht mehr in der Lage zu sein, den modernen Menschen dazu zu bewegen, das zu essen, was gut für ihn ist? Ist der Instinkt des Menschen zugunsten seiner Intelligenz verlorengegangen, oder lebt der Mensch ganz einfach in Verhältnissen, wo dieser Instinkt sich nicht mehr durchsetzen kann? In ferner Vergangenheit waren unsere Vorfahren jedenfalls bestimmt mit einem Nahrungsinstinkt ausgestattet.

In der Natur ist es nämlich so, daß ein Tier, das sich zum Fressen schädlicher Nahrung verleiten läßt, einem Tier unterlegen ist, das etwas frißt, das ihm zuträglich ist. Verfügt ein Tier nicht mehr über den Mechanismus, der seine Nahrungsaufnahme lenkt, dann wird es in der Folge durch die natürliche Auslese eliminiert.

Die natürliche Auslese schließt demnach bei wildlebenden Tieren die Regulationsmechanismen der Nahrungsaufnahme ein. Wir können den Nahrungsinstinkt als eben diesen Regulationsmechanismus, der sich aus den Evolutionsgesetzen ableitet, definieren.

> Punkt 2: Der Nahrungsinstinkt funktioniert auch beim modernen Mensch noch. Er ist hauptsächlich geruchs- und geschmacksbestimmt und darauf ausgerichtet, nach Geruch und Geschmack das angenehm zu finden, was der Körper braucht, und unangenehm das, was er nicht benötigt.

Dieser Punkt ist durch Experimente wohlbewiesen, in erster Linie dank Burgers Arbeiten über den Nahrungsinstinkt (Burger, 1985). Da ich mehrere Jahre mit ihm zusammengearbeitet und dabei versucht habe, seine Theorien entweder zu bestätigen oder zu entkräften, kann ich Ihnen meinerseits für eine Tatsache garantieren, die für jeden, der die Probe macht, rasch zur Gewißheit wird: ein naturbelassenes Nahrungsmittel verändert seinen Geschmack, je nachdem ob der Körper es benötigt oder nicht. Ein Apfel beispielsweise schmeckt köstlich und süß, wenn der Körper seiner bedarf, doch derselbe Apfel schmeckt am Ende einer Mahlzeit fade, weil die Bedürfnisse des Körpers befriedigt sind (instinktive Sperre). Es ist unbestreitbar:

Naturbelassene Nahrungsmittel verändern sich je nach den Bedürfnissen des Organismus in Geruch und Geschmack.

Zur Zeit nehmen mehr als 3000 Personen an einer Instinkttherapie teil, die darin besteht, bei jeder Mahlzeit die Nahrungsmittel nach ihrem Geruch auszuwählen. Es kann also unmöglich geleugnet werden, daß auch der moderne Mensch über einen Nahrungsinstinkt verfügt.

Punkt 3: Der Nahrungsinstinkt funktioniert nur bei rohen, 100% naturbelassenen Nahrungsmitteln fehlerfrei.

Jegliche Kochkunst bringt es mit sich, daß durch die geschmacklichen Veränderungen der Nahrungsmittel die instinktiven Mechanismen getäuscht werden. Geschmack und Geruch verarbeiteter Nahrungsmittel haben nichts mit den Bedürfnissen des Körpers zu tun. Ein Apfel in seinem natürlichen Zustand wird sich je nach den Bedürfnissen des Organismus in seinem Geschmack verändern (am Beginn einer Mahlzeit wird er, wenn der Körper ihn braucht, süß und saftig schmecken, doch am Ende eben dieser Mahlzeit scheint er dann holzig und sauer zu sein), ein Stück Schokolade jedoch hat immer den gleichen verlockenden Geschmack, ob nun zu Beginn oder am Ende einer Mahlzeit oder auch danach noch. Durch die Kochkunst wird zwar der Geschmack der Nahrungsmittel verbessert, doch zugleich bewirkt sie auch, daß der Instinkt nicht mehr richtig funktioniert. Der kann nämlich die Bedürfnisse des Organismus nur dann zum Ausdruck bringen, wenn die Nahrungsmittel 100% naturbelassen und roh sind.

Punkt 4: Der moderne Mensch ist nicht, oder zumindest nicht ganz und gar, so strukturiert, daß er neue Nahrungsmittel konsumieren kann, wie zum Beispiel gegarte Nahrungsmittel oder Tiermilch (künstliche Nahrungsmittel).

Man kann feststellen, daß das Weglassen künstlicher Nahrungsmittel und damit die Rückkehr zu einer ursprünglichen Ernährung, die in Europa bisher schon mehr als 20.000 Menschen unterschiedlich lange praktiziert haben, zu einer erheblichen Verbesserung des Gesundheitszustandes der Betreffenden führt, wogegen die früheren Störungen wiederkommen, wenn man sich erneut mit veränderten Nahrungsmitteln ernährt. Es ist demnach offensichtlich, daß zwischen den veränderten Nahrungsmitteln und den festgestellten Gesundheitsstörungen ein kausaler Zusammenhang besteht.

Besonders bei gegarten Nahrungsmitteln und bei Kuhmilch konnten diese Folgen schon häufig beobachtet werden. Es handelt sich hierbei nicht nur um eine punktuelle Beobachtung und auch nicht um bloße Theorie, sondern um Tausende von konvergierenden Beobachtungen über mehrere Jahre hinweg, die Tausende von Einzelpersonen betreffen, die ihre Ernährung bald von gegarter auf rohe, bald von roher auf gegarte Nahrung umstellen. Die regelmäßig auftretenden Besserungen, die während der Umstellung von gegarter auf rohe Kost zu beobachten waren, wie die Rückkehr der Symptome bei der Umstellung von »roh« auf »gegart«, legen den Schluß nahe, daß bestimmte gesundheitliche Störungen auf den Genuß von veränderten Nahrungsmitteln zurückzuführen sind. Burger hat mit seiner »Hypothese von der genetisch mangelhaften Adaption an denaturierte Nahrungsmittel« die passende Formulierung für das Problem gefunden: wir vertragen nur ursprüngliche Nahrungsmittel und keine veränderten, weil wir so strukturiert sind, genauso wie wir immer noch keinen Tabakrauch vertragen, obwohl wir schon seit Jahrhunderten rauchen.

Daß eine Veränderung der Nahrungsmittel unserer Gesundheit schadet, ist anscheinend nur schwer zu akzeptieren, da sich doch die ganze Menschheit von veränderten Nahrungsmitteln ernährt. So frappierend diese Feststellung auch ist, so einleuchtend ist sie für mich nach der Beobachtung von Tausenden von Personen und Tieren, die bald natürliche, bald künstliche Nahrungsmittel zu sich nahmen. Sie müssen mir natürlich nicht einfach glauben – stellen Sie Ihre Ernährung um und essen Sie mehr natürliche Nahrungsmittel, oder beobachten Sie einige Dutzend Personen oder Tiere, die sich diesem Wechseln unterziehen. Füttern Sie Ihren Hund oder Ihre Katze mehr mit rohem Fleisch und anderen rohen Nahrungsmitteln als mit gegarten, und Sie werden bald überzeugt sein.

Punkt 5: Auf die Dauer zieht der Verzehr von künstlichen Nahrungsmitteln eine Anhäufung von anomalen Substanzen im Organismus nach sich.

Jede Veränderung der Nahrung, sei es durch Garen, Konservieren, Einfrieren, Mischen oder Würzen etc., bewirkt die Entstehung neuer Moleküle in den Nahrungsmitteln, die in ihrem ursprünglichen Zustand nicht vorhanden waren (man könnte sie NOM = nicht originäre Moleküle nennen). Es konnte zum Beispiel nachgewiesen werden, daß in einer Kartoffel allein durch das Garen mindestens 450 neue chemische Verbindungen entstehen (Derache, 1982). Diese NOM, die, wenn man die Zeit zugrundelegt, die für die Evolution der Arten erforderlich war, erst vor kurzem in der Menschheitsgeschichte aufgetaucht sind, waren für unseren Organismus nicht vorgesehen. Veränderte Nahrungsmittel enthalten also Moleküle, die nicht assimiliert werden können, weil unsere Enzyme darauf nicht programmiert sind. So durchdringt nach jeder Mahlzeit, die veränderte Nahrungsmittel enthält, ein winziger Bruchteil dieser NOM die Darmwände nach außen.

Wenn man regelmäßig künstliche Nahrungsmittel zu sich nimmt, so führt das zu einer zunehmenden Anhäufung nicht originärer Moleküle im Organismus, genauso wie sich bei einem Raucher mit jeder gerauchten Zigarette immer mehr Teer aus dem Tabak in den Bronchien ansammelt.

Da unser Organismus vor vielen Millionen Jahren nicht vorhersehen konnte, daß es derartige Moleküle geben würde, verfügen wir nicht über die Enzyme, die den Stoffwechsel dieser nicht originären Moleküle möglich machen würden. Diese NOM, deren Konzentration bei veränderter Nahrung mit jedem Tag weiter zunimmt, bringen alle möglichen Gesundheitsstörungen mit sich: Müdigkeit, Nervosität, schwere Beine, Kopfschmerzen, Magenbeschwerden, Verdauungsstörungen und was es sonst noch an häufig vorkommenden Krankheiten gibt.

Das ist, werden Sie mir entgegenhalten, ja eine wunderbare Theorie, aber hat denn schon einer diese nicht originären Moleküle gesehen? – Im Augenblick ist es noch nicht möglich, die Konzentration der Moleküle, deren chemische Zusammensetzung man a priori nicht kennt, direkt zu bestimmen. Aber diese Anhäufung von anomalen Molekülen, die aus der Nahrung stammen, ist einfach im alltäglichen Leben festzustellen, nämlich dadurch, daß die im Gewebe gespeicherten NOM nach einer Umstellung auf eine 100% naturbelassene Ernährung nach und nach wieder verschwinden. Stellt man die Kost um, so verlassen diese Substanzen auf durchaus sichtbare Weise den Körper, beispielsweise durch Schwitzen oder Durchfälle usw.

Auch hier handelt es nicht um Einzelbeobachtungen, sondern um Beobachtungen, die an Tausenden von Einzelpersonen gemacht wurden. Die Auswirkungen der Vergiftung durch denaturierte Lebensmittel sowie diese Ausscheidungsmechanismen können nur festgestellt werden, indem man den Tagesablauf von Personen, die sich 100% natürlich ernähren, aufmerksam registriert.

Punkt 6: Die Anhäufung anomaler Moleküle aus der Nahrung äußert sich in Reaktionen des Widerwillens, ja des Ekels gegenüber den rohen Nahrungsmitteln, die für uns am besten geeignet sind, und insbesondere gegenüber Insekten.

Auch bei den Ausscheidungsvorgängen bedient sich der Körper des Nahrungsinstinkts. Die instinktive Anziehungskraft von Nahrungsmitteln, also Geschmack und Geruch natürlicher Speisen, basiert nicht nur auf den Bedürfnissen des Stoffwechsels, sondern auch auf den Entgiftungswirkungen, die ein Nahrungsmittel auslösen kann.

So hat beispielsweise ein Mensch, der in seiner Ernährungsvergangenheit viele Mehlspeisen, Kekse und Kuchen zu sich genommen hat, eine gewisse Menge an nicht ursprünglichen Kohlehydraten angehäuft. Die Erfahrung zeigt, daß durch den Genuß von Mangos, Bananen, Zitrusfrüchten oder anderem rohen Obst die Ausscheidung der Rückstände von Mehl und Kuchen erleichtert wird, weil die natürlichen Kohlehydrate der Früchte die unnatürlichen der zubereiteten Süßspeisen verdrängen. Haben sich aber zu viele NOM aus den Kuchen im Gewebe angesammelt, könnte eine zu plötzliche Entgiftung gefährlich sein. In diesem Fall würde gegenüber Mangos und den anderen von Natur aus süßen Früchten eine Reaktion des Widerwillens auftreten, die zur Vorsicht mahnt und den Menschen von seinem Vorhaben abbringt, ein Nahrungsmittel zu sich zu nehmen, das ihn entgiftet. Und so wird der Entgiftungsvorgang auf später verschoben.

Ein ekelerregendes Nahrungsmittel ist also ein Nahrungsmittel, dessen Aufnahme eine intensive Entgiftungsreaktion hervorruft. Es ist wichtig, daß man sich folgendes klarmacht:

Ein Nahrungsmittel ist deshalb ekelerregend, weil sein Genuß dazu beiträgt, unerwünschte Substanzen auszuscheiden.

Das läßt sich durch folgende Feststellungen untermauern:

Punkt 7: Bei Bewohnern von Industrieländern, die durch eine ausgeklügelte Küche und durch Maßlosigkeit im Essen besonders stark vergiftet sind, sind Reaktionen des Ekels besonders häufig.

Abscheureaktionen treten bei Völkern, die durch übermäßige und/oder ungeeignete Ernährung am stärksten vergiftet sind, d.h. im Westen, in besonders augenfälliger Weise auf.

Punkt 8: Bei Völkern, die an Unterernährung leiden oder sich fast noch so natürlich ernähren wie die Primaten, kommen Abscheureaktionen weit weniger häufig vor, z. B. bei den Völkern Südostasiens und Neuguineas.

Diese Völker bringen es beispielsweise fertig, ohne den geringsten Ekel angefaultes Fleisch im Stadium fortgeschrittener Verwesung zu essen und es obendrein noch als Delikatesse zu betrachten, wogegen eine europäische oder amerikanische Hausfrau beim Anblick dieses Fleisches in Ohnmacht fallen würde.

Punkt 9: Abscheu gegenüber Insekten gibt es bei Völkern, die niemals aufgehört haben, welche zu essen, nicht.

Durch Insekten hervorgerufene Entgiftungsreaktionen treten bei diesen sogenannten »Primitiven« so gut wie gar nicht auf, weil sie regelmäßig Insekten konsumieren. Bei den Angehörigen dieser Stammesgesellschaften haben sich keine anomalen Proteine, die durch den Genuß von Insekten ausgeschieden werden, angehäuft. Deshalb ruft der Verzehr von Insekten bei diesen Personen keine Entgiftungserscheinungen mit gleichzeitiger Ankurbelung des Immunsystems zur Ausscheidung der jahrelang angehäuften Moleküle hervor, was bei einem Bewohner der westlichen Welt, der niemals Insekten verzehrt hat und sie zum ersten Mal probiert, der Fall wäre.

Wenn man alle möglichen Sorten 100% naturbelassener Nahrungsmittel wie Früchte, Gemüse, Fisch, Krustentiere, rohes Fleisch usw. auf einem Tisch aufstellt und ein paar »Instinctos« auffordert, die Nahrungsmittel zu nennen, deren Geruch ihnen ekelerregend erscheint, so geben sie kein einziges an. Fragt man aber eine Gruppe von Leuten, die sich beispielsweise typisch französisch (mit veränderten Nahrungsmitteln) ernähren, dann gibt es sehr starke Abwehr.

Die stärksten Abscheureaktionen kann man gegenüber den Grundnahrungsmitteln der Primaten beobachten: bei sehr exotischen Früchten, Insekten, Wildkräutern und -gemüsen, oft auch gegenüber Schalentieren und überreifen Früchten sowie Fisch und Fleisch, der bzw. das lange gelegen hat etc.

Das erklärt sich daraus, daß die Nahrungsmittel, von denen unsere Vorfahren sich in grauer Vorzeit in erster Linie ernährten, für unsere genetische Veranlagung am besten geeignet sind. Das sind die Nahrungsmittel, die ins Innerste der Zellen vordringen, um dort sehr rasch Entgiftungsreaktionen einzuleiten.

Insekten waren vor Millionen von Jahren den genetischen Anlagen der Primaten gemäß unsere Hauptproteinlieferanten. Daraus folgt: die Insekten greifen direkt in unseren Zellmechanismus und in unser Immunsystem ein und können unter anderem nützliche Entgiftungsreaktionen bewirken. Daher rühren, wenn der Organismus vergiftet ist, die häufigen Abscheureaktionen gegenüber Insekten und anderen ganz ursprünglichen Nahrungsmitteln.

Nach etwa einem Jahr Instinkttherapie verschwinden die Ekelreaktionen vollständig. Sie sind nur zu Beginn vorhanden, wenn die Hauptentgiftungsvorgänge ablaufen. Dann verschwindet jeglicher Ekel, was nicht ohne Konsequenzen für die täglichen Genüsse bleibt: wenn man sich natürlich ernährt, existieren keine ekelerregenden Gerüche mehr – es gibt nur noch angenehme oder überhaupt keine Gerüche.

Punkt 10: Durch die Praxis stellt man fest, daß der Ekel vor einem Nahrungsmittel anhält, solange man es nicht gekostet hat.

Das ist logisch, weil die Entgiftungserscheinungen, die dieses Nahrungsmittel bewirkt, noch nicht ausgelöst sind. Die entsprechenden Gifte sind noch im Gewebe, und der Ekel ist noch da. Die einzige Möglichkeit, diesen circulus vitiosus zu unterbrechen, besteht darin, das ekelerregende Nahrungsmittel in ganz kleinen Mengen zu probieren. Jetzt setzen die Ausscheidungsreaktionen ein, und man stellt durch diesen Versuch fest:

Punkt 11: Sowie man ein ekelerregendes Nahrungsmittel ißt, verschwindet sehr rasch der Ekel.

Was durchaus logisch ist, da die Entgiftungsreaktion eingesetzt hat, wodurch die Geruchssperre aufgehoben wird. Es kommt häufig vor, daß von dem Tag an, an dem man ein Nahrungsmittel mit ekelerregendem Geruch zum ersten Mal zu sich nimmt, der Geruch nicht nur nicht mehr widerlich ist, sondern in den folgenden Tagen sogar anziehend wird.

Außerdem erweist sich der Geschmack eines widerlich riechenden Nahrungsmittels oftmals als delikat. Das erklärt sich durch die Tatsache, daß das verzehrte Nahrungsmittel Entgiftungsreaktionen in Gang setzt, die dem Organismus wohltun. Die Funktionsgesetze des Nahrungsinstinkts bewirken, daß ein zuträgliches Nahrungsmittel in Geruch und Geschmack anziehend ist. Daraus resultiert, daß ein im Geruch widerliches Nahrungsmittel im allgemeinen einen angenehmen Geschmack annehmen wird. Der anfängliche Ekel, der von der Nase bestimmt war, war oberflächlich und hing mit einer Art von Trägheit des Organismus zusammen, der mit der Entgiftungsarbeit noch nicht zu beginnen wagte.

Punkt 12: Nahrungsmittel, die, wie beispielsweise die Insekten, Ekel hervorrufen, sind also paradoxerweise gerade die, die wir für unsere Gesundheit am meisten nötig haben, denn sie setzen die Mechanismen unseres Immunsystems in Gang, die durch die Entgiftung des Organismus zur Erlangung einer besseren Gesundheit beitragen.

Man sollte ein ekelerregendes Nahrungsmittel nicht zurückweisen, sondern sich im Gegenteil sagen: wenn mir dieses Nahrungsmittel widerlich vorkommt, dann habe ich es vielleicht nötig, also probiere ich es.

Wenn man an einem Nahrungsmittel riecht, dann ist sein Geruch entweder angenehm, neutral (man riecht gar nichts) oder abstoßend (man verspürt Übelkeit, Brechreiz etc.). Man sollte die Reaktion der Nase folgendermaßen interpretieren:

– Wenn der Geruch eines Nahrungsmittels angenehm ist, signalisiert das, daß Sie dieses Nahrungsmittel verzehren sollten.

– Wenn Sie keinerlei Geruch feststellen, dann signalisiert das, daß keinerlei Notwendigkeit besteht, daß Sie dieses Nahrungsmittel verzehren.

– Wenn der Geruch widerlich ist, dann signalisiert das, daß Sie dieses Nahrungsmittel nötig haben und essen sollten, und daß sein Genuß eine Aktivierung des Immunsystems in Gang setzen wird, um die anomalen Substanzen im Organismus auszuscheiden (Ankurbelung eines Entgiftungsprozesses). Für die Praxis bedeutet das nicht notwendigerweise, daß man dieses Nahrungsmittel essen muß, aber auch nicht, daß man darauf verzichten sollte – am besten versucht man es einmal mit der Methode »Probieren-Ausspucken«, die ich an anderer Stelle beschrieben habe. Wenn der Geschmack zufriedenstellend ist, kann man das Nahrungsmittel essen, ist der Geschmack ebenso widerlich wie der Geruch oder stellt sich beim Essen ein Völlegefühl ein, dann sollte man nicht mehr weiteressen und, falls nötig, sogar das, was man im Mund hat, wieder ausspucken.

Zusammengefaßt gilt also:

WOHLGESCHMACK = REGULATION DES STOFFWECHSELS = STEUERUNG DER NAHRUNGSBEDÜRFNISSE

EKEL = REGULATION DES IMMUNSYSTEMS = STEUERUNG DER ENTGIFTUNG

Diese Theorie von der instinktiven Sperre ist logisch und schlüssig. Sie erklärt alle bis heute beobachteten Fakten – sowohl bei traditioneller als auch bei 100% natürlicher Ernährung. Insbesondere können wir besser verstehen, weshalb der zivilisierte Mensch gegenüber Insekten einen so großen psychisch bedingten Ekel verspürt. Wir können also davon ausgehen, daß diese Theorie den Tatsachen hinreichend Rechnung trägt, und bis man uns das Gegenteil beweist, kann die Theorie von der instinktiven Sperre als stichhaltig betrachtet werden.

Der Ekel, den man Insekten gegenüber verspürt, ist oberflächlich. Sobald man von diesem Nahrungsmittel ißt, verschwindet der durch den Geruch bedingte Ekel, und oftmals ist der Geschmack dann köstlich. Der anfängliche Widerwille bedeutet paradoxerweise, daß eine große Notwendigkeit besteht, Insekten zu essen.

Eine Grillenzucht für zu Hause

»Es nützt nichts, lehrreiche Bücher zu lesen, wenn man nicht bereit ist zu leben, was sie lehren.«

Sprichwörtlich

»In Zukunft könnte jeder Haushalt mit einer Insektenzucht seine eigenen Proteine erzeugen.«

Robert Kok

Als ich meine ersten Insekten probierte, mußte ich mir rasch eingestehen, daß sie vorzüglich schmeckten. Doch es stellte sich folgendes Problem: wo kann man in Frankreich eßbare Insekten finden? Noch schwieriger wurde es dadurch, daß ich nur 100% naturbelassene Nahrungsmittel zu mir nehme, die zudem so wenig wie möglich belastet sein sollen. Die Qualität von Fleisch und Insekten ist besonders wichtig, weil ein Tier, das ein hinsichtlich seiner natürlichen Verhältnisse ungeeignetes Futter bekommt (beispielsweise Zuchtschafe, die mit künstlich veränderter Nahrung gefüttert werden), in seinem Gewebe anomale Substanzen anhäufen kann, wodurch der Geschmack seines Fleisches verfälscht wird und der Mensch, der davon ißt, Schaden an seiner Gesundheit nehmen kann.

Ich wollte also keine Insekten aus der Stadt essen, die in einem schadstoffbelasteten Gebiet gelebt oder sich von Abfällen und aus Mülltonnen ernährt hatten, und auch keine Insekten von Feldern, die mit Pestiziden und Insektiziden besprüht worden waren.

Nun kann man zwar bei bestimmten Tierhändlern Zuchtgrillen finden, die aber werden mit Körnern oder Brot gefüttert, was für Insekten keine natürliche Nahrung ist. Grillen, die in Gefangenschaft auf diese Weise gefüttert werden, gehen im allgemeinen am Ende der dritten Generation ein, das heißt nach einigen Monaten

künstlicher Nahrung. Sie sind dann nicht einmal mehr fortpflan-
zungsfähig – die Zucht stirbt ab. Eine Grillenzucht, die mit
Körnern gefüttert wird, muß also ständig mit Grillen aus natürlicher Umgebung aufgefrischt werden. Außerdem kosteten Grillen
beim Händler soviel, daß ich mir nur ab und zu ein paar zum
Naschen erlauben konnte (als ich meine ersten Versuche machte,
zahlte ich pro Grille aus einer 30er Schachtel etwa 1 Franc); wenn
man sich von Grillen ernähren will, ist dieser Preis unerschwing-
lich, denn zu einer Mahlzeit kann man problemlos 50 bis 100
Stück essen.

Eine Grillenzucht bei sich zu Hause zu unterhalten, kostet dagegen so gut wie nichts: ist die Zucht erst einmal eingerichtet,
bekommen die Grillen die Reste, die bei Tisch übrigbleiben: Obst-
und Gemüseschalen, Fleisch- und Fischreste etc.

Es war also eine spezielle Zuchtmethode zu entwickeln.

Ich habe mehrere Grillenzuchten aufgebaut und verschiedene
Techniken ausprobiert. Die Zuchtmethode, die ich für die beste
halte, besteht darin, die Ernährungsweise der wildlebenden Grillen bestmöglich zu imitieren, indem man nur natürliches Futter
gibt, wie sie es in der freien Natur vorfinden würden.

Bietet man eine große Auswahl roher Nahrungsmittel an, so findet die Grille, die im Gegensatz zu anderen Insekten (z. B. den
Grashüpfern, die in erster Linie Fleischfresser sind und andere
Insekten fressen, wohingegen sich die Heuschrecken hauptsächlich
von Getreidekörnern ernähren) eigentlich alles frißt, instinktiv das
heraus, was gut für sie ist.

Wenn Grillen so gefüttert werden, degenerieren sie nicht von einer
Generation zur anderen, wie es mir der Fachmann vorausgesagt
hatte, von dem ich meine ersten Grillen für die Zucht bekam. Im
Gegenteil:

Während die mit künstlicher Nahrung gefütterten Grillen von einer Generation zur nächsten degenerieren, werden die, die 100% naturbelassenes Futter bekommen, mit jeder neuen Generation schöner und kräftiger.

Ich fordere den Leser, der diese Behauptung in Zweifel zieht, zu folgendem Experiment auf: stellen Sie zwei Grillenzuchten nebeneinander – die eine wird mit Körnern, Brot, Käse und anderen künstlichen Nahrungsmitteln gefüttert, die andere mit natürlichem Futter. Die Zucht mit den »künstlichen« Grillen wird über einige Generationen fortschreitend degenerieren. Außerdem läßt sich auch im Geruch ein Unterschied zwischen den beiden Zuchten feststellen: die Zucht mit den »natürlichen« Grillen strömt einen eher schwachen, angenehmen Geruch aus, der an eine Gemüsesuppe erinnert, wohingegen die Zucht mit den »künstlichen« Grillen stark nach Fäulnis riecht. Als ich zu wissenschaftlichen Zwecken mehrere hundert Mäuse gezüchtet hatte, die teils mit natürlicher, teils mit künstlicher Nahrung gefüttert wurden, hatte ich über den Geruch aus den Mäusekäfigen schon die gleiche Feststellung treffen können.

Da eine veränderte Nahrung weder bei Grillen noch bei anderen Tieren wie z. B. Affen und Mäusen besonders erfolgversprechend zu sein scheint, ist es von größter Wichtigkeit, auch nach den Folgen des Verzehrs von denaturierten Nahrungsmitteln auf die Gesundheit des Menschen zu fragen: es ist doch wohl anzunehmen, daß der Genuß von Brei, Suppen und anderen gegarten, zubereiteten Nahrungsmitteln für uns kaum besser ist als für Grillen. Mit anderen Worten: offensichtlich trägt die Kochkunst auf die Dauer aktiv dazu bei, die Krankenhäuser zu füllen... Aber das ist wieder eine andere Frage.

Im übrigen bin ich nicht der einzige Autor, der auf die Degeneration von Insekten hinweist, die mit künstlichem Futter ernährt werden, denn François Touber schreibt in seiner Dissertation über Wanderheuschrecken als Nahrungsquelle: »Die Nahrungsbedürfnisse säureabsondernder Insekten sind so speziell, daß es bis heute nicht gelungen ist, künstliche Bedingungen zu schaffen, in denen über mehrere Generationen hinweg eine normale Entwicklung möglich wäre. Diese entweder halbsynthetischen oder völlig künstlichen Lebensbedingungen bieten zahlreiche Vorteile, weil sie in den Zuchten den wichtigen Faktor der Vielfalt unterdrücken, der durch verschiedenartige Nahrung geschaffen wird.«

Der Vorteil ist die Standardisierung, der Nachteil ist, daß die Insekten alle eingehen, wenn man ihnen allen die gleiche künstliche Nahrung gibt – und das ist ziemlich unerfreulich! Für die Grillenzucht ist das Problem glücklicherweise gelöst: man muß ihnen nur das für sie geeignete Futter geben, nämlich das, was sie in der Natur vorfinden würden. Ob man die Probleme der menschlichen Gesundheit eines Tages wohl genauso lösen wird? Es wird sich zeigen ...

Die Inzucht und die Tatsache, daß die Grillen in Gefangenschaft leben müssen, stellen offenbar kein Problem dar, sobald sie auf natürliche Art und Weise ernährt werden und über eine ausreichende Nahrungsvielfalt verfügen.

Meine Versuche mit der Grillenzucht

Meine erste Grillenzucht hatte ich im Jahr 1988 – in einem Schuhkarton. Als diese Zuchtmethode funktionierte, wollte ich etwas Größeres und baute eine kleine Holzkiste. Nun konnte ich regelmäßig Grillen naschen, doch es waren noch nicht genug, um mich davon zu ernähren. Da siedelte ich alles in eine große Schale um. Zwei Monate später war die Schüssel mit Hunderten von Grillen angefüllt, und ich konnte endlich eine ausreichende Menge davon essen und meinen Eiweißbedarf größtenteils damit decken. Zu jenem Zeitpunkt wollten zahlreiche Freunde, die sich für meine Experimente interessierten, von den Grillen probieren. Sobald sie sie gekostet hatten, wollten sie, genau wie ich, größere Mengen davon essen. Die Schale produzierte natürlich nicht genug Grillen, um alle Welt zu ernähren, und so mußte ich eine größere Zucht mit etwa 2.000 Exemplaren einrichten, die in der Lage war, Grillen in größeren Mengen zu produzieren. Jetzt baute ich einen Käfig aus harzigem Holz mit einer Grundfläche von einem Quadratmeter. Im Vergleich zu den ersten Zuchtkäfigen machte hier die Wartung weniger Mühe und nahm auch weniger Zeit in Anspruch. Mehrere Freunde aus der Provinz äußerten den Wunsch, bei sich zu Hause einen ähnlichen Zuchtkäfig zu bauen. Noch vor der Veröffentlichung dieses Buches waren etwa zehn Grillenzuchten in Betrieb, obwohl erst relativ wenige Menschen von meinen Experimenten mit Insekten wußten. Der größte Zuchtkäfig, den ich bis heute gebaut habe, faßte 16.000 Grillen. Zur Zeit bin ich mit der Herrichtung einer noch viel größeren Zucht beschäftigt. Es handelt sich um eine Produktionseinheit mit einer Kapazität von mehr als einer Million Insekten, in der Heuschrecken und Grillen (Acheta Domestica oder Gryllus Bimaculatus) optimal und kontrolliert sowie preisgünstig auf industrielle Weise produziert werden können.

Damit Sie den Geschmack der Insekten besser entdecken können, rate ich Ihnen, eine kleine Heimchenzucht anzulegen; so verfügen Sie bei sich zu Hause über eine kleine Insektenquelle, von der Sie und Ihre Freunde von Zeit zu Zeit naschen können.

Warum sind diese Grillen besser geeignet als andere Insekten? Aus mehreren Gründen:

1. Es handelt sich um ein Insekt, das wir alle mehr oder weniger kennen und das weniger Ekelreaktionen auslöst als andere,

weniger bekannte Insekten. Schlüge ich Ihnen vor, Ihre ersten Kostproben mit Spinnen durchzuführen, so wären Sie sicherlich nicht einverstanden! Wenn Sie erst einmal daran gewöhnt sind, Grillen zu essen, wird es Ihnen ganz natürlich und leicht vorkommen, auch andere Insekten zu probieren, die zunächst nicht so einladend erscheinen.

2. Sie sind Allesfresser, die leicht zu halten und zu ernähren sind.

3. Sie sind widerstandsfähig. Sie vertragen zwar am besten eine Temperatur von etwa 30° Celsius, aber sie verkraften Temperaturschwankungen relativ gut und können auch bei Zimmertemperatur (20° Celsius) leben und sich vermehren.

4. Sie vermehren sich schnell (pro Monat ungefähr eine neue Generation), was es möglich macht, in kurzer Zeit eine Zucht aufzubauen.

5. Es ist einfach, sich die ersten Grillen zu besorgen. Die ersten Exemplare, die als Grundstock Ihrer Zucht notwendig sind, finden Sie in der Tierhandlung, denn manchmal werden Grillen dort als Futter für in Käfigen gehaltene Vögel oder Mäuse verkauft.

> Die Grille ist das ideale Insekt, wenn man in nördlichen Regionen eine kleine Zucht aufbauen will.

Wie groß sollte eine Grillenzucht sein?

Das hängt davon ab, welches Ziel Sie anvisieren:

1. Wollen Sie nur ein paar Insekten halten, um ihre Lebensgewohnheiten zu beobachten?

2. Möchten Sie eine Zucht haben, die groß genug ist, daß Sie selbst und Ihre Freunde ab und zu ein paar davon essen können?

3. Wünschen Sie sich eine Zucht, die genug Grillen produziert,

um den Proteinbedarf einer Person oder auch einer Familie zu
befriedigen?

Im ersten Fall brauchen Sie eine Zucht in der Größe eines Schuh-
kartons, vielleicht ein kleines Aquarium oder eine kleine
Holzkiste.
Im zweiten Fall wäre ein Zuchtkäfig von ca. einem halben Quadratmeter Grundfläche ideal, etwa eine Schale, eine alte Wanne
oder eine Holzkiste mit einer Seitenlänge von ca. 70 cm.
Im dritten Fall müssen Sie pro Person, die davon ernährt werden
soll, in Ihrem Zuchtkäfig mindestens einen Quadratmeter
vorsehen.
Die Zuchtmethode ist in allen drei Fällen gleich, der einzige
Unterschied besteht nur in dem Raum, den die Grillen zur Verfügung haben, und in der Futtermenge, die sie täglich benötigen.
Ich würde Ihnen vorschlagen, daß Sie zunächst eine Zucht nach
Typ 2 versuchen, die es Ihnen ermöglicht, das Leben der Grillen
zu beobachten, ab und zu davon zu essen und auch Ihren Freunden ein paar zum Kosten zu geben.
Mit einer solchen Zucht in einer auf dem Boden stehenden Holzkiste mit einer Grundfläche von etwa einem halben Quadratmeter
reicht Ihre Produktion dafür aus, daß Sie täglich ein gutes Dutzend
essen können.
Der Ertrag ist bei Insekten enorm: sie vermehren sich sehr schnell.
Einzige Voraussetzung ist, daß sie genügend Futter bekommen.
Ein einziges Weibchen kann Tausende von Eiern legen. Wenn Sie
mit einem Dutzend Grillen beginnen, dann ist für die in einem
Erdbeerkörbchen genug Platz. Nach einem Monat müssen Sie
bereits einen großen Karton vorbereiten, und nach vier bis sechs
Monaten haben Sie schon so viele, daß Sie einen kleinen Raum
oder ein Gewächshaus damit füllen können, was für den Protein-
bedarf einer Familie ausreicht.

Doch Sie können ganz beruhigt sein – die Anzahl der Grillen in einer Zucht reguliert sich automatisch: kommen zuviele Grillen auf eine Flächeneinheit oder ist nicht genügend Futter für alle da, dann sterben die Grillen, sie fressen sich gegenseitig oder sie fressen ihre Jungen auf, wodurch die Bevölkerung der Zucht von selbst reguliert wird.

Das Material zur Einrichtung einer Grillenzucht

Sie benötigen:
– ein Gefäß, etwa eine große Schale oder eine Holzkiste mit einer Grundfläche von ca. einem halben Quadratmeter. Eine besonders günstige Lösung ist eine selbstgebaute Kiste aus harzigem Holz. Die Höhe des Behältnisses sollte mindestens 60 cm betragen, weil eine etwa 20 cm hohe Steinschicht den Boden bedecken sollte, und die Wände hoch genug sein müssen, damit die Grillen nicht aus der Kiste springen können, sobald Sie den Deckel öffnen. Man sollte ein Material mit glatter Oberfläche wählen, damit die Grillen nicht an den Wänden hochklettern können. Eine Auskleidung aus glattem Holz ist besonders gut geeignet.
– einen passenden Deckel für das Behältnis. Der Deckel kann aus Glas oder Plexiglas sein, damit Tageslicht in das Gefäß gelangen kann. Grillen brauchen, wie wir auch, ein Minimum an Helligkeit! Der Deckel und die Wände der Kiste müssen gut ineinanderpassen und dürfen höchstens einen Millimeter Spielraum haben, denn die gerade geschlüpften Grillen sind winzig: sie sind kaum einige Millimeter lang und können sich durch kleinste Löcher quetschen. Wenn die Wände des Behältnisses glatt genug sind, daß die Grillen nicht hinaufklettern können, ist ein Deckel nicht unbedingt erforderlich. Trotzdem ist es besser, einen Deckel aufzulegen, schon damit keine anderen parasitären Insekten wie z. B.

Tausendfüßler (die übrigens auch delikat schmecken!), Fliegen oder Ameisen, die vom Futter angelockt werden, eindringen können. Der Deckel des Zuchtbehältnisses muß präzise angepaßt sein, sonst könnten Sie in Ihrer Küche Grillen finden, die sich aus dem Behälter herausgestohlen haben oder in Ihrer Zucht andere Insekten, die sich dort einnisten ...

– einen Teller oder einen Blumentopf, bis zum Rand mit Sand oder lockerer Erde gefüllt, als Legenest.

– ein kleines Stück von einem Mückennetz, das über die Legestelle gespannt wird.

– kleine Steine oder Ziegelsteinstückchen, um für die Grillen eine natürliche Umgebung zu simulieren (Grillen ziehen sich gern in die Höhlungen unter den Steinen oder Ziegelsteinstückchen zurück). Die Kieselsteine müssen groß genug sein (mindestens 5 cm im Durchmesser), damit die ausgewachsenen Grillen sich darunter verstecken können.

– ein Schälchen oder ein Tellerchen als Trinknapf und Grillenbadeanstalt.

– eine kleine Glühlampe von 25 oder 40 Watt, die für eine kleine Zucht als Lichtquelle ausreicht. Die Grille ist ein Nachttier, doch in der Praxis stellt man paradoxerweise fest, daß sie sich um so schneller vermehrt, je heller es ist. Es schadet nicht, wenn man die Lampe 24 Stunden am Tag brennen läßt. Im Gegenteil, dadurch wird die Produktivität der Zucht gesteigert.

– eine Heizung, wenn man in einem kalten Land draußen eine Zucht anlegen will, denn Grillen vertragen eine Temperatur von weniger als 20° Celsius schlecht. Die optimale Zuchttemperatur beträgt 28 bis 30°. Ideal ist es, wenn die Temperatur mittels Thermostat geregelt werden kann. Man muß also ein Heizgerät (einen Heizdraht oder eine elektrische Wärmelampe) und ein Regulationselement (Thermostat) sowie ein paar Meter Stromkabel zur Verfügung haben, dazu eine Steckdose, um das alles anschließen zu können.

Die Einrichtung der Grillenzucht

Bereiten Sie als erstes die Kiste mit dem passenden Deckel vor. Vergessen Sie nicht, im oberen Teil des Behältnisses eine Belüftung vorzusehen, die die Grillen nicht erreichen können: ohne Sauerstoff werden die Grillen nicht lange leben.

Installieren Sie dann das elektrische System für Heizung und Beleuchtung (eine Heizung, die durch einen Thermostaten gesteuert wird; eine Beleuchtung, die entweder ständig brennt oder mittels Zeitschaltuhr für bestimmte Stunden eingeschaltet wird).

Bedecken Sie die Eiablagestätte mit dem Mückennetz und befestigen Sie es mit einem Faden oder einem Stückchen Draht.

Stellen Sie das Legenest anschließend auf den Boden des Behältnisses. Um das Nest herum legen Sie die Kiesel und die Ziegelsteinstückchen, und zwar so, daß sie mit dem oberen Rand des Nestes abschließen.

Stellen Sie das Schälchen, das als Tränke dient, in gleicher Weise auf.

Die Temperatur in der Zucht

Die ideale Temperatur beträgt 28 bis 30° Celsius. Obwohl sich die Grillen bei höherer Temperatur schneller vermehren, sollte sie 35° nicht überschreiten. Temperaturen von weniger als 15° sollten vermieden werden.

In warmen Ländern benötigen die Grillen keine Heizung, denn die Temperatur in diesen Ländern entspricht der ihrer natürlichen Umgebung. In kalten Ländern und in Europa kann man eine Zucht auch ohne Heizungssystem bei Zimmertemperatur (20° Celsius) realisieren, doch ist dann die Produktion ein wenig geringer als bei einer beheizten.

Keine von den Grillen erreichbare Stelle im Zuchtbehältnis sollte wärmer sein als 35°. Die Beheizungs- und die Beleuchtungslampen müssen also so hoch angebracht werden, daß die Erwärmung an keiner von den Grillen erreichbaren Stelle 35° übersteigt.

Die Ernährung der Grillen

Die Grille ist ein Allesfresser, was ihre Fütterung relativ einfach macht. Sie sollte ausschließlich natürliches Futter bekommen, das heißt ohne alle Zusätze, unverändert, unbehandelt, denn eine wildlebende Grille verträgt keine künstlichen Nahrungsmittel. Und die Hausgrillen einer Zucht stammen doch alle von wildlebenden ab... Wenn Sie Ihren Grillen künstliche oder gegarte Nahrung geben, werden sie wohl noch eine gewisse Zeit weiterleben, doch die Qualität der Zucht wird kontinuierlich abnehmen, und Sie werden feststellen, daß die Grillen nicht so schön zirpen und sich nicht so schnell vermehren wie auf natürliche Weise ernährte.

Was gibt man ihnen also zu fressen? Folgendes sollte ständig in ihrem Zuchtbehältnis zur Verfügung stehen: mindestens eine süße Frucht (eine Birne, einen Apfel oder die Schalen solcher Früchte), mindestens ein Knollen- oder Wurzelgemüse (z. B. Rettich, Kartoffel, Möhre oder die entsprechenden Schalen), mindestens ein frisches Blattgemüse (Salat oder Gräser) und mindestens eine Proteinsorte (Fleisch, Fisch oder andere natürliche Proteine, wie z. B. ein rohes Eigelb, Getreidekeime, Nüsse oder Mandeln usw.). Genau wie beim Menschen ist eine gewisse Nahrungsvielfalt wichtig. Es schadet nicht, wenn man eine große Auswahl an Nahrungsmitteln im Käfig läßt: die Grille wählt instinktiv aus, welches der zur Verfügung stehenden natürlichen Nahrungsmittel ihr am besten bekommt.

Bieten Sie ihnen nicht immer das gleiche Futter an, variieren Sie
von Zeit zu Zeit: wenn die Grillen eine Woche lang Fleisch gefressen haben, geben Sie ihnen in der folgenden Woche Fisch oder
pflanzliche Proteine... Sie können Ihre Grillen auch mit den
Resten von Ihren Mahlzeiten füttern: beispielsweise mit Obst- und
Gemüseabfällen, mit Fischköpfen, Fleischresten etc.

Die Grillen haben auch einen recht hohen Salzbedarf (nach Nakagaki 0,4 bis 0,7% ihrer Nahrung). Meine ersten Grillenzuchten
lebten vortrefflich und vermehrten sich ohne negative Anzeichen,
obwohl ich ihnen nur eine große Auswahl an naturbelassenen
Nahrungsmitteln gab und kein Salz. Dennoch könnte es nützlich
sein, ein wenig Salz in das Zuchtbehältnis zu geben, so daß die
Grillen bei Bedarf davon fressen können. Das Salz sollte aber nicht
unter andere Nahrungsmittel gemischt werden: Salzen ist etwas
Künstliches, was es in der Natur nicht gibt und die Tiere dazu ani-
miert, Nahrungsmittel zu fressen, die sie nicht fressen sollten, was
wiederum eine Ernährungsstörung hervorrufen könnte.

Wenn Ihre Grillenzucht stockt und die Grillen sich nicht vermehren, ist wahrscheinlich die Temperatur im Käfig zu niedrig, oder
die Grillen fressen einander, ihre Jungen oder ihre Eier, was immer
dann passieren kann, wenn ihnen irgendwas in ihrer Nahrung
fehlt, insbesondere wenn sie unter Proteinmangel leiden. Bieten
Sie ihnen dann eine größere Auswahl an Nahrungsmitteln an, und
überprüfen Sie, ob die Temperatur hoch genug ist – und alles
kommt wieder in Ordnung.

Das Futter sollte alle zwei bis drei Tage kontrolliert und gegebe-
nenfalls erneuert werden.

Wasser für die Grillen

Die Grillen brauchen eine Wasserstelle, wo sie trinken und baden können. Stellen Sie also ein Schälchen oder ein kleines Tellerchen so im Käfig auf, daß die Grillen es gut erreichen können und geben Sie ein paar Millimeter Wasser hinein. Es sollten nicht mehr als 4 mm sein, sonst könnten die Grillen ertrinken. Überprüfen Sie den Wasserstand täglich. Sie können entweder Leitungs- oder auch Mineralwasser verwenden.

Ein Nest für die Grillen

Die weiblichen Grillen kann man an ihrem Ovidukt (Legeröhrchen, aus dem Lateinischen: ovum = Ei, ductus = Gang) erkennen; dieses lange Röhrchen, das die Männchen nicht haben, verlängert ihren Körper und ermöglicht ihnen, ihre Eier in der Erde abzulegen. Damit das Weibchen die Eier ablegen kann, benötigt es also ein wenig lockere Erde oder Sand. Liegt nun die Erde ungeschützt im Käfig, so kann zweierlei passieren, was Ihrer Zucht nicht gerade zuträglich ist:
1. die Eier können entweder von der Mutter, von anderen Grillen oder von anderen Insekten gefressen werden,
2. die Grillen können in der ungeschützten Erde Gänge und Höhlen graben.
Durch eine kleine List kann dies verhindert und eine blühende Zucht garantiert werden: man muß nur die Erde in der Eiablage mit einem Stückchen Moskitonetz abdecken. Da das Legeröhrchen sehr dünn ist, können die Weibchen durch das Netz hindurch ungehindert ihre Eier ablegen, doch die ausgewachsenen Grillen kommen mit ihrem Kopf nicht durch das Netz und können somit weder die Eier auffressen noch Gänge anlegen...

Die Eiablage sollte also aus einem bis zum Rand der Erde gefüllten Topf bestehen, der mit einem Mückenschleier abgedeckt ist. Erde oder Sand in der Eiablage müssen regelmäßig mit ein paar Tropfen Wasser angefeuchtet werden, damit sie locker bleiben. Die Weibchen können dann ihre Legeröhrchen ohne Schwierigkeiten einführen, und die Eier laufen nicht Gefahr auszutrocknen.

Pflege und Beaufsichtigung

Pflege und Beaufsichtigung einer Grillenzucht sind ganz einfach. Kinder lieben es, sich darum zu kümmern.
Es genügt, wenn Wasser und Nahrung etwa zweimal in der Woche erneuert werden. Jedesmal zu überprüfen und bei Bedarf aufzufüllen sind:

– das Trinkwasser,
– das Futter,
– die Feuchtigkeit in der Eiablage.

Eine Grillenzucht bereitet viel weniger Arbeit und Pflege als eine Mäusezucht, bei der regelmäßig die Käfige saubergemacht werden müssen. Die Exkremente der Grillen brauchen nicht entfernt zu werden, sie werden von den Grillen selbst, von Milben oder anderen kleinen Insekten, die sich in der Zucht eingenistet haben, entsorgt: die Milben fressen die Exkremente und auch tote Grillen, und die Grillen laben sich an den Milben... dadurch ist die Sauberkeit im Käfig für lange Zeit (mehrere Jahre) gewährleistet, und man selbst muß sich nur um frische Nahrung kümmern.

Grillenfallen

Bevor Sie Ihre Grillen essen können, müssen Sie sie erstmal im Käfig erwischen. Wenn Sie nämlich den Deckel öffnen, werden Sie feststellen, daß die Grillen automatisch in die Hohlräume zwischen den Steinen flüchten, wo man sie nur sehr schwer erwischen kann. Das ist normal, denn in der Natur sind die Primaten Insektenräuber: daher verstecken die Grillen sich instinktiv, sowie ein Mensch sich ihnen nähert...

Bei meinen ersten Zuchten habe ich mit dem Fangen der Grillen viel Zeit verloren. Dieses Problem habe ich mit einer ganz einfachen Grillenfalle gelöst:

– Fertigen Sie aus Karton ein Dutzend kleiner Zylinder von ca. 15 cm Länge und mit einem Durchmesser von 1 cm an. Verschließen Sie jeweils ein Ende des Zylinders mit Klebeband. Kleben Sie dann ein Dutzend dieser Zylinder an den Seiten aneinander, und schon haben Sie eine Grillenfalle.

– Stellen Sie die Falle in den Käfig. Wenn Sie nun den Deckel öffnen, werden die Grillen Angst bekommen und sich instinktiv an dunklen, tiefen Stellen verstecken. Eine erkleckliche Anzahl von ihnen wird sich in den Zylindern der Falle verkriechen. Sie brauchen die Falle dann nur noch herauszuholen und über einer Schachtel oder einer Salatschüssel auszuschütteln; darin können Sie Ihre lebenden Grillen dann aufbewahren. Mit dieser Falle kann man Grillen problemlos jederzeit einfangen...

Die Salatschüssel muß mindestens 20 cm hoch sein, damit die Grillen nicht herausspringen können.

Wenn Sie Ihre Grillen lebend essen, brauchen Sie die Salatschüssel nur noch auf den zu Tisch stellen... und zu genießen!

Wenn Sie Ihre Grillen zubereiten wollen, können Sie sie beispielsweise einfach in siedendes Öl schütten und darin brutzeln.

Diese neue Zuchtmethode ist gut durchdacht und ermöglicht es

jedem, sei es nun in der Stadt oder auf dem Land, zu Hause eine
Grillenzucht zu haben. Ein halber Quadratmeter genügt!
Sie werden selbst feststellen:

Grillen schmecken, je nachdem womit sie gefüttert werden,
ganz unterschiedlich; es gibt eine unendliche Vielfalt an Ge-
schmacksrichtungen, und alle sind delikat.

Keine Grille schmeckt genauso wie eine andere. In der Ge-
schmacksrichtung ähneln manche überbackenem Spinat, andere
Bratkartoffeln, wieder andere paniertem Schnitzel, Hecht-
klößchen...
Für diejenigen unter Ihnen, die es sich nicht zutrauen, sich als
Hobbybastler zu betätigen, bietet die Société Edénia, deren
Anschrift Sie am Ende dieses Buches finden, Grillenkäfige an, die
Sie leicht zusammenbauen können.

*»Die Hausgrille eignet sich unter kontrollierten Bedingungen gut für eine Zucht
und kann pro Jahr 6 bis 7 Generationen hervorbringen. Außerdem ist die Hausgrille ein Allesfresser, und Studien, die in unserem Laboratorium durchgeführt
wurden, zeigen sogar, daß die Hausgrille fähig ist, Vogelmist in eine proteinreiche
Nahrungssubstanz umzuwandeln, die wiederum als Futter für die Hühner verwendet werden kann, und zwar auf eine Weise, die ökonomisch durchaus konkurrenzfähig ist.«*

Nakagaki, Wissenschaftler an der Abteilung für Insektenforschung
der Universität von Wisconsin, USA

(Anmerkung des Verfassers: Hühner produzieren Mist, der von Insekten gefressen wird, die wiederum von den Hühnern gefressen werden... Moderne Pro-
duktionstechniken sind da besonders konkurrenzfähig, wo sie die Prinzipien des
ökologischen Gleichgewichts wiederentdecken und sie bestmöglich imitieren.
Darüber sollte man nachdenken!)

Die Insekten und die Herkunft des Menschen

»In der Vergangenheit haben Insekten einen beträchtlichen Teil der menschlichen Ernährung ausgemacht, und bei bestimmten Völkern ist das auch heute noch so.«

Robert Kok

Bevor der Mensch auf der Bildfläche erschien, konsumierten unsere Vorfahren, die Affen, in großen Mengen Insekten als Quelle für tierisches Protein.

Der älteste der uns bekannten Primaten ist der Purgatorius, dessen Knochen in Montana, USA, gefunden wurden. Der Purgatorius hatte viel Ähnlichkeit mit einem Tapir. Er war ein kleines Säugetier, das sich in der Hauptsache von Insekten ernährte und vor etwa 70 Millionen Jahren lebte.

Da der gemeinsame Vorfahre der Primaten ein Insektenfresser war, ist es logisch, daß alle Arten, die in der Folge daraus hervorgegangen sind, Insekten verzehren. Das kann man in der Praxis wunderbar nachprüfen: alle Affenarten, die man heute noch in ihrer natürlichen Umgebung beobachten kann, fressen Insekten. In einer Ausstellung im Musée de l'Homme in Paris im Februar 1990 war auf einer der Ausstellungstafeln folgender Satz zu lesen, der unsere These gut illustriert:

»Der Mensch ist Teil der Tierwelt, in der er tief verwurzelt ist. Er gehört zur Klasse der Säugetiere und zur Ordnung der Primaten. Die Primaten ihrerseits stammen von kleinen Säugetieren ab, die den Insektenfressern verwandt sind.«

Seit der Zeit des Purgatorius haben sich die Säugetiere in verschiedener Weise entwickelt und ihre Nahrung ebenso. Man findet heute unter den Säugetieren: fleischfressende Katzenarten, grasfressende Kühe, allesfressende Schweine etc. Doch das Insektenfressen ist eine Gemeinsamkeit unter allen Säugetieren geblieben: selbst die Kuh frißt gern die Ameisen, die sie zwischen den Gräsern findet, und Hunde schnappen sich mit Vorliebe Fliegen. Ganz zu schweigen von Mäusen, Affen, Tapiren etc., die in der freien Natur immer noch viele Insekten fressen.

Insekten sind besonders für Menschenaffen die Grundlage ihrer Proteinversorgung. Hladik und Viroben haben in Afrika die Ernährung der Schimpansen in ihrer natürlichen Umgebung studiert (Hladik und Viroben, 1974). Nachdem sie sorgfältig beobachtet und aufgeschrieben hatten, was die Schimpansen »Pan troglodytes troglodytes« zu sich nahmen, konnten sie anhand von diätetischen Analysen und Berechnungen die Herkunft der Proteine in ihrer Nahrung bestimmen. Früchte sind proteinarm, doch weil die Affen eine große Menge davon konsumierten, brachten sie etwa ein Drittel der Proteingesamtzufuhr. Ein zweites Drittel der Eiweißzufuhr wurde durch die Blätter des Schotengewächses »Baphia leptobotrys« sichergestellt, die die Schimpansen den lieben langen Tag kauten. Diese grünen Blätter und Stengel machten etwa 28% ihrer Gesamtnahrungsaufnahme aus. Das dritte Drittel der Proteinversorgung aber kam ganz unverkennbar von Insekten! Diese Schimpansenart nahm hauptsächlich größere Mengen von Ameisen und Ameiseneiern der Art »Oecophylla longinoda« auf. Andere untersuchte Schimpansengruppen, wie z. B. die, mit der Jane Goodall sich beschäftigte, konsumierten ebenfalls beträchtliche Insektenmengen, doch handelte es sich dabei anstelle von Ameisen um Termiten. Die Termiten wurden mit Hilfe des berühmten »Angelstocks« erbeutet: der Schimpanse reißt einen Stengel von etwa 50 cm Länge ab, befreit ihn von Blättern und Rinde und steckt ihn dann in einen Termitenhügel. Die Termiten klammern sich massenweise am Stock fest. Nach ungefähr dreißig Sekunden zieht der schlaue Schimpanse den Stengel, der voller Termiten ist, wieder heraus, und nun braucht er sie nur noch mit

Genuß abzuschlecken. Mit wieviel Raffinesse ein Schimpanse vorgeht, um sich Insekten zu fangen!

Wenn sich die Gelegenheit bietet, konsumieren Schimpansen außer Insekten auch andere tierische Proteine, nämlich Fleisch, Fisch oder Eier. Doch war der Anteil an diesen Nahrungsmitteln stets geringer als 5% der täglich konsumierten Nahrungsmenge. Vogeleier wurden nur in kleinen Mengen verzehrt, weniger als 0,2% der täglichen Nahrung. Wildlebende Schimpansen konsumieren auch Fleisch, aber nur die erwachsenen; junge Schimpansen sind bei der Zeremonie der Fleischverteilung nicht dabei. Die Durchschnittsmenge, die ein erwachsener Schimpanse täglich verzehrt, wird auf 10 g geschätzt, das sind nur etwa 0,5% der aufgenommenen Nahrungsmenge.

Insekten bilden für den Schimpansen die Hauptquelle tierischen Proteins, und im Stammbaum der Primaten ist er unser nächster Verwandter.

Es ist übrigens eine interessante Feststellung, daß die Schimpansen von Hladik und Viroben gleichzeitig oder doch an einem Tag nacheinander pflanzliche Proteine (die Blätter des Baphia leptobotrys) und tierische Proteine (Ameisen) verzehrten. Analysen zeigen nämlich, daß Ameisen und Blätter sich, was Aminosäuren betrifft, ergänzen, wobei das eine jeweils die Aminosäuren zuführt, die dem anderen fehlen. Man kann also sagen, daß der Instinkt des Schimpansen, der in der freien Natur lebt, die Frage der wechselseitigen Ergänzung von Aminosäuren verschiedener Proteinquellen, ohne einen Diätetiker zu Rate zu ziehen, perfekt löst.

Manche Insekten haben eine perfekt ausgewogene Aminosäurenzusammensetzung und eine Proteinqualität, die der von Fleisch gleichzusetzen oder noch höher zu bewerten ist. Anderen fehlen bestimmte Aminosäuren, was eine schlechtere Ausnutzung der

Proteine zur Folge hätte, wenn ausschließlich diese Insekten gegessen würden. Das bedeutet aber nicht, daß man auf diese Insekten verzichten sollte oder daß sie von minderer Qualität wären –
wir müssen nur dem Beispiel des in freier Wildbahn lebenden
Schimpansen folgen und diese Insekten zusammen mit anderen,
sie ergänzenden Nahrungsmitteln essen, beispielsweise mit Gemüse.

Die Tatsache, daß unsere Vorfahren Insekten in Mengen essen
konnten, ist indessen kein Beweis, daß wir heutzutage unbedingt
welche essen müssen: es legt jedoch den Schluß nahe, daß uns von
unserer genetischen Abstammung her Insekten gut bekommen.

Aber woher können wir tatsächlich wissen, ob der moderne
Mensch immer noch Insekten verträgt? Darauf gibt es keine Antwort, außer man probiert es aus: und über eben diese Erfahrung
eines zivilisierten Menschen mit dem Insektenessen berichte ich
Ihnen in diesem Buch, eine Erfahrung, an der Sie, wenn Sie nur
wollen, Ihrerseits auch teilhaben können. Wenn man täglich Insekten zu sich nimmt, stellt man fest, daß sie ausgezeichnet verdaulich
sind, und ihre kulinarischen Vorzüge lassen keinen Zweifel daran,
daß unsere Vorfahren welche gegessen haben müssen.

Im Laufe der Geschichte scheint der Mensch sich vom Insektenessen abgewendet zu haben. Wie konnte es dazu kommen? Im
Augenblick gibt es auf diese Frage keine zufriedenstellende Antwort. Normalerweise verläuft die Evolution nicht in der Weise,
daß aus dem Nahrungsangebot einer Spezies Nahrungsmittel ver-
drängt werden, sondern daß sich die Ernährungsmöglichkeiten im
Gegenteil noch erweitern. Beispielsweise essen und vertragen wir
immer noch die Nahrungsmittel des Meeres, obwohl wir schon
seit etwa einer Milliarde Jahren keine Meeresbewohner mehr sind.
Die neuen Nahrungsmittel, die erst später in der Menschheitsgeschichte dazugekommen sind, und zwar in Zeitstufen von 100 Millionen Jahren – die Insekten, Pflanzen, Früchte, zuletzt das

Fleisch –, diese Nahrungsmittel kamen nicht als Ersatz für die schon vorhandenen, sondern als Ergänzung.

Zu glauben, daß alle Proteinarten gleichwertig sind, wenn sie nur in etwa die gleichen Aminosäuren enthalten, ist ein Irrtum: der Körper benötigt bestimmte, ganz spezielle Proteine. Und die Fleischproteine sind ganz und gar nicht mit denen der Insekten gleichzusetzen.

In unserer Ernährung spielen alle drei – Fleisch, Fisch und Insekten – eine Rolle, doch sollten wir wegen unserer genetischen Abstammung alle drei vorzugsweise in naturbelassenem Zustand verzehren, und wir sollten viel mehr Proteine durch Insekten zu uns nehmen als durch Fisch oder Fleisch.

Auf den ersten Blick sind sowohl Fleisch als auch Insekten eine reiche Eiweißquelle, doch im Detail ist es durchaus nicht gleichgültig, ob man das eine oder das andere ißt: die Bedürfnisse des Körpers erfordern eine bestimmte Wahl.

Wenn keine Insektenproteine zur Verfügung stehen, nimmt der Mensch natürlich mit dem Fleisch vorlieb, doch wer die Gelegenheit hat, sollte lieber mehr Insekten essen und weniger Fleisch.

Viele Bewohner unseres Planeten haben im übrigen gar keine Wahl, denn sie können kein Fleisch kaufen, weil es zu teuer ist. Sie haben nur die einfache Wahl: entweder sie essen Insekten oder sie müssen sterben.

Da auf seinem Tisch keine Insekten mehr vorhanden sind, hat der moderne Mensch mit Fleisch vorlieb genommen. Weil aber die Proteine im Fleisch nicht exakt die sind, die wir benötigen, ist die Fleischmenge, die wir zur Sättigung brauchen, viel größer als die, die wir an Insekten benötigen würden. Man stellt umgekehrt fest, daß da, wo früher 300 g Fleisch verbraucht wurden, nun 30 bis

50 g Insekten vollauf genügen. Das kommt daher, daß sich der Eiweißbedarf nicht nur aus der täglichen Grammzahl ergibt, wie allgemein geglaubt wurde – man muß auch die Art der zugeführten Proteine berücksichtigen. Ein Gramm Fleischprotein entspricht nicht einem Gramm Insektenprotein, wobei nicht nur die Aminosäuren eine Rolle spielen. Das Problem der unterschiedlichen Proteine ist wahrscheinlich viel komplexer, als es auf den ersten Blick aussieht, und bis heute hat man auf diesem Gebiet kaum Untersuchungen angestellt. Dabei scheinen die Anordnung der Aminosäuren und die Eiweißstruktur von gleich großer Wichtigkeit zu sein wie die Art der Aminosäuren. Hier gibt es bestimmt noch vieles zu entdecken und zu erforschen...

Tatsächlich bringt es eine beträchtliche Erleichterung der Verdauungs- und Stoffwechselvorgänge sowie finanzielle Einsparungen, wenn anstelle von Fleisch wieder Insekten gegessen werden.

> Es ist gar nicht mehr notwendig, den Organismus mit großen Fleischmengen zu belasten: schon kleine Insektenmengen reichen aus, um den Proteinbedarf zu decken.

Der Mensch ist kein »Fleischfresser« oder doch nur gelegentlich. Man beobachtet manchmal bei wildlebenden Affen, daß sie Fleisch von kleinen Tieren oder sogar von anderen Affen konsumieren, und mehrere Publikationen belegen diese verblüffende Tatsache, die schon viel Aufsehen erregt hat. Weniger bekannt ist indessen, daß für die Affen der Fleischkonsum höchstens 5% der Proteinzufuhr darstellt. Fleisch und Fisch sind für Primaten demnach ergänzende, aber keine Grundnahrungsmittel. Primaten finden ihre Proteine vor allem in Insekten, Früchten, Gemüsen und Schotengewächsen.

Hochmütig fühlt sich der Mensch dem Affen weit überlegen und glaubt, die Naturgesetze ungestraft mißachten zu dürfen – doch man darf seine Herkunft nicht verleugnen.
Die Evolution hat uns in die Abstammungslinie der insektenfressenden Primaten gestellt.

»Von allen Insekten sind die Termiten für die menschliche Ernährung am meisten verwendet worden. Sie sind nicht nur reich an Proteinen, sondern auch an Fettsäuren und haben daher einen hohen Kalorienwert. Hundert Gramm Termiten haben nach Tihon einen Brennwert von 561 cal und nach Auffret und Tanguy einen von 508 cal.«

Defoliart, Wissenschaftler am Institut für Insektenkunde der Universität von Wisconsin, USA

Die Theorie vom Affen »Mensch«

»Mensch und Schimpanse sind sehr nahe miteinander verwandt und haben mehr als 99% ihres genetischen Materials gemeinsam... Normales Hämoglobin setzt sich aus vier miteinander verbundenen Aminosäureketten zusammen. Die Kette besteht aus 146 Aminosäuren, deren Zusammensetzung von Tier zu Tier variiert. So zählt man zwischen Frosch und Mensch 61 Abweichungen, zwischen Pferd und Mensch 27, und zwischen Schimpansen und Mensch keine.«

Ausstellung im Musée de l'Homme, Paris, im Februar 1990

Einen großen Unterschied zwischen Menschen und Affen gibt es: das ist die schier unglaubliche Weiterentwicklung des menschlichen Intellekts, die ein ungeheuer komplexes Gesellschaftssystem mit vielfältigen kulturellen, wissenschaftlichen und politischen Aktivitäten hervorgebracht hat.

Ich weiß nicht, wer von beiden der Glücklichere ist: der Affe, der durch seinen sonnigen Wald streift, oder der in seinem klimatisierten 50stöckigen Betonturm eingesperrte Mensch. Unser Intellekt und unser Sprachvermögen ist wohl ein wenig weiter entwickelt als bei den Affen, doch auf genetischem Gebiet ist der Mensch, wie wir noch sehen werden, ein Affe geblieben.

Unsere Verdauung, unser Stoffwechsel und sogar unser Gehirn funktionieren immer noch durch Enzyme, die denen der Affen gleichen. Das menschliche Gehirn ist sehr anpassungsfähig: ein Mensch kann sich an viele verschiedene Lebensweisen gewöhnen. Auch einen Affen kann man beispielsweise aus seinem Wald holen und ihn in einen Betonkäfig setzen – an seinen genetischen Anlagen ändert das gar nichts!

Die Theorie vom Affen »Mensch« ist simpel und einleuchtend: sie will uns einfach nur daran erinnern, daß der Mensch nicht nur vom Affen abstammt, sondern daß wir, physiologisch betrachtet, Primaten sind und uns damit abfinden müssen, daß wir infolge der nur langsam ablaufenden genetischen Evolution noch einige Tausend oder gar Millionen Jahre Insektenesser bleiben.

Die Theorie vom Affen »Mensch« stellt folgende Hypothesen auf, die im weiteren noch ausführlicher behandelt werden:

1. Der moderne Mensch ist, auch wenn das seinem Ego nicht gefällt, immer noch ein Primat. Physiologisch gesehen, ist er den Affen immer noch sehr nahe. Mit anderen Worten: die genetischen Anlagen der Primaten entwickeln sich nur langsam weiter, zu langsam, als daß der Mensch sich vom Affen stark unterscheiden könnte.

2. Verdauungs- und Stoffwechselvorgänge sind genetisch vorprogrammiert.

3. Die Ernährung, für die der Mensch von seinen Anlagen her geeignet ist, macht einen ganz langsamen Veränderungsprozeß durch.

4. Vor langer Zeit, als der Mensch nichts weiter als ein Affe war, waren für unsere Vorfahren Insekten die Hauptquelle für tierisches Protein.

5. Der moderne Mensch kann immer noch Insekten essen. Das paßt ausgezeichnet zu seiner genetischen Veranlagung.

6. Das Insektenessen (die Entomophagie) ist für den modernen Menschen nicht nur möglich, es ist sogar empfehlenswert: es gehört unbedingt zu einer optimalen Ernährung.

Im folgenden soll auf jeden Punkt noch einmal eingegangen werden.

Punkt 1: Seit Darwin kann nicht mehr geleugnet werden, daß der moderne Mensch ein Primat ist, und kein ernsthafter Wissenschaftler würde diesen Punkt in Zweifel zu ziehen wagen.

Wir stammen vom Affen ab. Auf dem Gebiet der Verdauung, des Stoffwechsels und der Immunität funktioniert der Organismus des Menschen fast genauso wie der eines Affen.

Es ist zum Beispiel möglich, Affenorgane auf den Menschen zu transplantieren. Ein weiteres Beispiel: die Blutgruppen der Schimpansen sind die gleichen wie die des Menschen (A, B, 0 usw., Rhesus positiv oder negativ), und es ist möglich, einem Menschen das Blut eines Schimpansen zu übertragen oder umgekehrt, wenn man nur die richtige Blutgruppe wählt. Wie kann das sein? Ganz einfach – weil Affe und Mensch einander genetisch ähnlich sind.

Mit den modernen Gentechniken kann man sogar die genetischen Informationen messen, die beiden Arten gemeinsam sind. Man schätzt, daß die Menge an genetischen Informationen, die Menschen und Schimpansen gemeinsam sind, noch höher liegt als 99%. Die Experten sagen, daß sich die beiden Arten seit etwa 7 Millionen Jahren getrennt entwickelt haben ... Der Mensch wäre demnach dem Schimpansen genetisch gesehen sogar näher als der Gorilla. Diese Vergleiche verschiedener Primaten sind in erster Linie vom Team um Morris Goodman von der Universität Detroit in den USA durchgeführt worden. Sie hatten es sich zum Ziel gesetzt, Teile genetischen Materials von verschiedenen Primaten zu analysieren und miteinander zu vergleichen.

Punkt 2: Unsere Verdauungs- und Stoffwechselvorgänge sind genetisch vorprogrammiert.

Alle chemischen Prozesse im Organismus werden durch Enzyme in Gang gesetzt, die sich mit den umzuwandelnden Molekülen verbinden, die Umwandlung bewirken und das Reaktionsprodukt freisetzen, wobei dieser ganze Vorgang in Bruchteilen von Sekunden vonstatten geht. Ein einziges Enzym kann also in einer Sekunde etwa 10.000 Reaktionen auslösen.

Enzyme sind große Proteine, die von unseren Zellen produziert werden, sobald die entsprechende Information im ADN-Molekül angenommen ist. Vereinfacht dargestellt regulieren sozusagen die Gene über den Umweg der Enzymsynthese alle chemischen Umwandlungen im Organismus. Darunter sind als wichtigste zu nennen:

– der »Krebs«-Zyklus, der Glukose und Sauerstoff verbraucht und Wärme freisetzt, die die Körpertemperatur ständig bei 37° Celsius hält. Der »Krebs«-Zyklus sorgt zudem für die Energie, die für die Muskelkontraktionen notwendig ist. Das CO_2, das der »Krebs«-Zyklus erzeugt, wird anschließend durch die Lungen ausgeschieden.

– die Verdauungsvorgänge. Die Verdauung ist eine gewaltige chemische Umwandlung, bei der Nahrungsmittel von äußerst vielfältiger chemischer Zusammensetzung aufgenommen und in Stoffe umgewandelt werden, die unser Organismus verwerten kann. Die Einwirkung von Speichel- und Magensäure mit ihren zahlreichen Speichel- und Verdauungsenzymen auf die Nahrungsmittel gewährleistet das Funktionieren der Verdauungsvorgänge. Durch diese Enzyme sind alle Verdauungsvorgänge genetisch programmiert. Die Art der Nahrungsmittel, die wir konsumieren können, die Art der Verdauungsumwandlung, die Geschwindigkeit, mit der jede einzelne Frucht verdaut wird usw. – alles ist in unseren Genen vorprogrammiert.

Da der Mensch in seiner Genstruktur den anderen großen Affen sehr ähnlich ist, sind die menschlichen Enzyme mit denen der anderen Primaten so gut wie identisch.

Punkt 3: Die Ernährung, für die der Mensch von seiner Entwicklungsgeschichte her geeignet ist, macht einen ganz langsamen Veränderungsprozeß durch. Die Genstruktur in ihrer Gesamtheit entwickelt sich nur sehr langsam weiter, so langsam, daß man manchmal von einer »genetischen Unveränderlichkeit« spricht.

Die Gene eines Säuglings sind eine Mischung der Gene seiner beiden Eltern und haben nur ganz wenige wirklich neue Merkmale, die weder von seiner Mutter noch von seinem Vater stammen. Neue Merkmale resultieren aus »genetischen Mutationen«, die es zwar gibt, die aber ausgesprochen selten vorkommen. Mutationen sind förderlich, denn sie machen es möglich, daß sich eine Art weiterentwickelt, um immer gut an ihre Umwelt angepaßt zu sein. Zuviele Mutationen aber wären schädlich, denn gerade die »genetische Unveränderlichkeit« sichert einer Art ihre Stabilität. Da alle Verdauungsprozesse genetisch festgelegt sind, ist eine der Folgen der »genetischen Unveränderlichkeit«, daß die Ernährungsweise einer Art sich nur sehr langsam weiterentwickeln kann.

Da die genetischen Merkmale des Menschen und die der anderen Primaten einander sehr ähnlich sind, muß die Schlußfolgerung erlaubt sein, daß auch die Ernährung des Menschen und die der anderen Primaten fast identisch sein muß.

Anders ausgedrückt ist heute, da der Mensch sich so weit von seiner ursprünglichen Nahrung entfernt hat, daß er nicht mehr weiß, was er essen soll, und alle Ernährungswissenschaftler vergeblich nach einer perfekt ausgewogenen Ernährung suchen, unser bestes Ernährungsmodell wahrscheinlich das der Primaten in der freien Natur. Aufgrund dieser Feststellung habe ich damit begonnen, die Ernährungsweise der Affen zu studieren und den Stellenwert, den dabei die Insekten einnehmen, zu untersuchen.

Punkt 4: Zu der Zeit, als der Mensch nichts weiter als ein Affe war, aßen unsere Vorfahren mehr Insekten als andere tierische Proteine.

Das haben wir schon im Kapitel »Die Insekten und die Herkunft des Menschen« gesehen. In der Tat konsumieren alle heute lebenden großen Affen in ihrer natürlichen Umgebung mehr Insekten als andere tierische Proteine. Es kann also angenommen werden, daß der gemeinsame Vorfahre aller großen Affen, der vor etwa 15 Millionen Jahren gelebt hat, ebenfalls viele Insekten gegessen hat. Demnach haben alle seine Nachkommen wahrscheinlich das genetische Merkmal der »Entomophagie« (des Insektenessens) bewahrt, denn die Genstruktur hat sich seit jener Zeit nur um etwa 1% weiterentwickelt (Hervé, 1983).

Punkt 5: Der moderne Mensch kann immer noch Insekten essen, und die Entomophagie paßt perfekt zu seiner Genetik, weil sie sich seit der Zeit, da die Insekten für uns die Hauptquelle tierischen Proteins waren, nur sehr wenig weiterentwickelt hat.

Meine Erfahrung mit dem Insektenessen und die Erfahrungen aller, die es ebenfalls getan haben, beweisen eindeutig, daß der moderne Mensch noch Insekten essen kann. Insbesondere die beiden folgenden Feststellungen, die durch einige Dutzend Freiwillige experimentell überprüft und verifiziert wurden, belegen, daß Insekten auch für den zivilisierten Menschen, eine mögliche Nahrungsquelle sind:
– der moderne Mensch ist immer noch in der Lage, Insekten zu verdauen, selbst wenn er nie zuvor welche gegessen hat. Das gilt sogar für den Städter (kein Völlegefühl, normaler Stuhlgang etc.);
– bei roh verzehrten Insekten funktioniert der Nahrungsinstinkt zufriedenstellend (eine instinktive Anziehungskraft ist vorhanden: die Insekten sind angenehm im Geschmack, wenn der Körper sie benötigt; und auch die instinktive Sperre setzt ein: wenn ein bestimmtes Quantum erreicht ist, schmecken die Insekten auf einmal widerlich, pappig, fade etc.). Hier ist nur kurz anzumerken, daß diese Mechanismen der Geschmacksveränderung schon beim ersten Versuch mit einem neuen Insekt beobachtet werden können, was den angeborenen Charakter dieser Veränderungsphänomene zeigt, die wissenschaftlich »Alliästhesie-Phänomene« ge-

nannt werden (aus dem Griechischen: allos = anderer und aisthe-
sis = Empfindung).

Punkt 6: Die Entomophagie ist für den modernen Menschen
nicht nur möglich, im Rahmen einer optimalen Ernährung ist
sie sogar empfehlenswert.

Wegen unserer genetischen Anlagen sind unter allen tierischen
Proteinen für den Menschen aller Wahrscheinlichkeit nach die
Insekten die optimale Proteinquelle. Als Nahrungsergänzung
kann der Mensch, genau wie die anderen großen Affen, auch tieri-
sche Proteinquellen wie Fleisch oder Fisch nutzen.
Zusammenfassend kann also festgestellt werden:

Die Theorie vom Affen »Mensch« greift Darwins Evolutions-
theorie auf, setzt aber einen anderen Akzent: der Mensch
stammt nicht nur vom Affen ab, was allgemein akzeptiert wird,
außer von den Schöpfungsgläubigen, sondern er ist auch kaum
anders als ein Affe, zumindest physiologisch und genetisch
betrachtet, sowie hinsichtlich des Stoffwechsels, der Verdauung
und der Tatsache, daß er Insekten essen sollte.

Die Theorie vom Affen »Mensch« paßt ausgezeichnet in die Reihe
der gegenwärtigen Theorien zur Ernährung der Primaten: alle Primaten sind mehr oder weniger Entomophagen, und die Theorie
vom Affen »Mensch« bringt uns lediglich in Erinnerung, daß wir
immer noch Affen sind und es aller Wahrscheinlichkeit nach noch
einige tausend oder Millionen Jahre bleiben werden. Die Theorie
vom Affen »Mensch« verträgt sich offensichtlich auch mit der
»Hypothese von der genetischen Adaption an Insekten«, die zu
Beginn dieser Ausführungen erwähnt wurde, und, noch allgemeiner gesagt, mit der »Hypothese von der genetischen Adaption an
naturbelassene und der mangelhaften genetischen Adaption an
denaturierte Nahrungsmittel«, die Burger aufgestellt hat.

Die Theorie vom Affen »Mensch« scheint mir mit den beobachteten Tatbeständen und den gegenwärtigen wissenschaftlichen Erkenntnissen übereinzustimmen, auch mit den ganz neuen Erkenntnissen auf den Gebieten der Genetik und der Anthropologie. Scheuen Sie sich nicht, mir zu schreiben, wenn Sie in der Beweisführung einen Fehler entdecken. Ein Affe kann sich immer einmal irren...

Wir leben in einer herrlichen Zeit!

»Viele Dinge, die seit langem in Vergessenheit geraten waren, werden zu neuem Leben erwachen.«

Horaz

»Insekten schmecken gut und sind sehr nahrhaft. Ihre Zusammensetzung ähnelt der anderer Fleischarten«.

Robert Kok

Telefon, Satellit, Flugzeug... wir leben in einer herrlichen Zeit! Vieles ist dank des technischen Fortschritts möglich geworden. Wenn wir aber Bilanz über das tägliche Leben des modernen Menschen ziehen, dann fällt sie nicht nur positiv aus. Da klafft ein Abgrund zwischen dem wunderbaren Glück, von dem wir dank des technischen Fortschritts ein Zipfelchen sehen können, und der Realität: ein trauriges Ergebnis der modernen Zivilisation.

Das tägliche Leben der Menschen in den Industrieländern ist von Streß, Neurosen und Depressionen bestimmt. Um seine Kinder erziehen und seine Familie ernähren zu können, ist der moderne Mensch gezwungen, jahrelang angestrengt und mühselig zu lernen, bevor er anfangen kann zu arbeiten! Wenn er in einer Welt, in der große Arbeitslosigkeit herrscht, das Glück hat, einen Arbeitgeber zu finden, dann muß er, um leben zu können, hart arbeiten. Der Mensch von heute kommt am Abend erschöpft nach Hause und setzt sich nach einem Tag, der zwischen U-Bahn, Streß und einem zu Mittag hastig heruntergeschlungenen Sandwich aufgeteilt war, stumpf vor seinen Fernsehapparat. Und wenn er endlich ins Rentenalter kommt, ist der moderne Mensch oft nur mehr ein alter Putzlumpen...

Wer von beiden ist glücklicher – der Mensch oder der Affe? Der Mensch hat die Anlagen zum Glücklichsein, doch die Angst zu versagen, die vom Streben nach Profit noch geschürt wird, führt häufiger in die Depression als in den Garten Eden. Der Affe stellt sich wenigstens keine Fragen. Er lebt, frißt, was er findet und was ihm zusagt, befriedigt seine Instinkte und kennt weder die Angst vor dem Morgen noch Streß. Wenn man Glück als Befriedigung der fundamentalen Bedürfnisse definiert, besonders auf dem Gebiet der Nahrung und des Gefühls, oder, was auf das gleiche hinausläuft, als Abwesenheit von Leiden, dann ist sicherlich ein wildlebender Affe, der sich in der Natur frei entwickeln und bewegen kann, glücklicher als der Mensch!

Ich bin nicht gegen Wissen und Fortschritt, ganz im Gegenteil. Zum Beispiel stehe ich den für zivile Zwecke genutzten Telekommunikations-Satelliten und einer vernünftigen Verwendung des Autos durchaus positiv gegenüber. Doch ich bin gegen eine falsche und schädliche Nutzung des Fortschritts, die sich in der Umweltverschmutzung, der drohenden Zerstörung unseres Planeten durch sogenannte »moderne« Waffen und in der Vergiftung des menschlichen Organismus durch Tabak, Drogen und völlig ungeeignete Nahrung manifestiert.

Wir müssen lernen zu unterscheiden, was am Fortschritt gut und was schlecht ist – das ist hier genauso wie bei allen anderen Dingen. Und auch auf dem Gebiet der Ernährung müssen wir lernen, Unterschiede zu machen.

Die genetischen Anlagen des Menschen entwickeln sich nur sehr langsam weiter. Wenn wir uns eine gute Gesundheit erhalten wollen, sollten wir bescheiden bleiben und lieber akzeptieren, daß wir Primaten sind, als um jeden Preis künstliche Nahrungsmittel zu essen, die wir nicht vertragen. Seinen Körper mit Nahrungsmitteln zu vergiften, die er nicht richtig umwandeln und verwerten kann, ist nicht Fortschritt sondern Verfall. Wir müssen lernen, die Dinge richtig zu bewerten!

Eine der größten Entdeckungen unseres Jahrhunderts ist die Wiederentdeckung der Natur. Dieses Erwachen unseres Bewußtseins wurde durch den Anstieg des allgemeinen Lebensstandards und durch die Erziehung der Völker begünstigt. Man muß reich sein, um sich darüber klar zu werden, daß Geld nicht glücklich macht...

Heute zerfällt der Mythos vom Fortschritt als Heilsbringer.

Die modernen Erkenntnisse nutzen, das ja! Aber – aus Rücksicht auf den eigenen Körper und auf unsere Erde – nur in kleinen Dosen.

Die ernährungswissenschaftlichen Erkenntnisse, über die wir heute verfügen, könnten der ganzen Menschheit eine bessere Ernährung ermöglichen, und dazu würde unter anderem auch der Genuß von Insekten beitragen... Worauf warten wir denn noch, bevor wir diese Aufgabe in Angriff nehmen?

Eine allgemeine Verbreitung des Insektenessens würde außerdem die Umweltverschmutzung durch Feuer und die Abholzung der Wälder verringern, weil die Insekten ja nicht gegart, sondern roh verzehrt werden können!

»Eine Methode, die Nahrungsprobleme der Zukunft auf einfache und ökologische Art zu bewältigen, läßt sich auf die folgende Frage zuspitzen: Wie können, und zwar besonders in den Ländern, die auf dem Weg in die Industrialisierung sind, Insekten für die menschliche Ernährung genutzt werden?«

Meyer-Rochow, Wissenschaftler an der National-Universität
von Australien, Neurobiologische Fakultät

Fazit: Ernährung der Zukunft

»Was vor zehntausend Jahren neu war, ist heute mittlerweile alltäglich; es könnte durchaus sein, daß in einigen tausend Jahren unsere Nachfahren darüber lachen, daß es einmal Zeiten gab, in denen Insekten nicht als Nahrungsquelle genutzt wurden.«

Robert Kok

Die Erfindung eines neuen Gerichts tut mehr für die menschliche Spezies als die Entdeckung eines Sterns.«

Anthelme Brillat-Savrin, berühmter Koch

Ich hoffe, daß dieses Buch Ihnen neue Horizonte eröffnen konnte und daß es Ihnen, über die spezielle Frage der Insekten hinaus, gezeigt hat, wie man die Natur besser kennenlernen und respektieren kann.

In einer Überflußgesellschaft mag ein Buch, das sich mit dem Insektenessen beschäftigt, lächerlich und unnütz erscheinen, und doch ... mir scheint die Wiederaufnahme von Insekten auf unseren Speiseplan aus folgenden Gründen ein Ziel von größter Wichtigkeit zu sein:

1. Insekten sind Proteine von sehr guter Qualität, dabei einfacher und wirtschaftlicher zu produzieren als Fleisch und Eier.
2. Insekten schmecken köstlich, besonders wenn sie roh gegessen werden, und es ist ein Jammer, auf so delikate Gaumenfreuden zu verzichten.
3. Der menschliche Organismus ist aus Gründen unserer genetischen Abstammung besser dafür eingerichtet, Insekten zu essen als Fleisch, Geflügel, Fisch oder Eier.
4. Die Industrieländer leben gegenwärtig in einer Situation des Nahrungsüberflusses und des Wohlstands. Doch nichts kann uns garantieren, daß dieser Zustand andauert. Im Falle eines

Krieges, von Rationierung oder einer Hungersnot ist die Insektenzucht, die in jeder Familie betrieben werden könnte, die einfachste Lösung, um den Eiweißbedarf der Bevölkerung zu sichern, und in den unterentwickelten Ländern wäre das heute schon sinnvoll.

5. Insekten bieten die Möglichkeit, die Menschen in den Ländern der Dritten Welt besser zu ernähren, die neue, reichlich vorhandene und billige Proteinquellen dringend benötigen. Wir sollten nicht vergessen, daß auf unserem Planeten gegenwärtig fast eine Milliarde Menschen unter Proteinmangel leidet.

Die eßbaren Insekten sind eine ganz wichtige Nahrungsressource, die von bestimmten Völkern immer genutzt worden ist, aber von westlichen Ernährungsspezialisten außer acht gelassen wird. Das Ekelgefühl, das der zivilisierte Mensch bei dem Gedanken verspürt, er solle Insekten essen, sollte kein Hindernis sein, sich damit zu beschäftigen, welchen Beitrag die Insekten zur menschlichen Ernährung leisten könnten, denn dieser Ekel ist nicht tiefgehend.

Insekten werden eine der Grundlagen der zukünftigen Ernährung sein.

Heutzutage kennt nur ein ganz geringer Teil der Amerikaner und der Europäer den hohen Wert der Insekten für unsere Ernährung. Aber die Dinge können sich schnell ändern. Beispielsweise aßen noch vor wenigen Jahren nur sehr wenige Amerikaner Schnecken, doch jetzt steigen die Verkaufszahlen für Schnecken in den USA auf 300 Millionen Dollar pro Jahr (Defoliart, 1989). Mit einer adäquaten Werbekampagne könnte ein vergleichbarer Markt für Insekten geschaffen werden. Insekten könnten in den Industrieländern leicht zu einem beliebten Nahrungsmittel werden, ein Nahrungsmittel, das sich mit Attributen wie »exotisch« oder »ungewöhnlich« schmücken könnte und das man sich dann wie

Schnecken oder Austern von Zeit zu Zeit in einem Restaurant leisten würde oder das man seinen Gästen wie Kaviar als Luxusappetithäppchen anbieten könnte...

Der Verzehr von Insekten ist in den Industrieländern nicht die Antwort auf ökonomische Notwendigkeiten (Sparsamkeitsgründe) und entspringt auch keinem vitalen Bedürfnis wie in den Ländern der Dritten Welt, doch auch in den Industrieländern ist ein Umdenken gegenüber den Insekten unerläßlich, damit das Ansehen der eßbaren Insekten steigt und die Forscher sich daran machen, sich mit diesem Problem zu beschäftigen, was zur Lösung des Welthungerproblems beitragen könnte.

Im Westen müßte letztlich nur eine Kampagne gestartet werden, um das Insektenessen in Mode zu bringen. Zwei Insektenarten bieten sich dafür besonders an: Bienenlarven und Grillen. Diese beiden Insektenarten haben in der Öffentlichkeit ein gutes Image, sie können mit bekannten Methoden einfach gezüchtet und gehalten werden und sind ausgezeichnet im Geschmack.

Ich habe Ihnen gezeigt, wie Sie selbst Grillen züchten können, die sowohl im Naturzustand als auch zubereitet eine Köstlichkeit sind. Zwei Amerikaner, Taylor und Carter, haben 1976 in ihrem Buch »The original guide to insect cookery« (»Original-Insektenkochbuch«) zahlreiche Zubereitungsvariationen für Grillen und Heuschrecken beschrieben. Sie schlagen z. B. vor: Heuschreckensalat mit Algen, Punjab-Frituren, kreolisches Pilaw, heiße Heuschrecken mit Avocado, knusprige Grillen in Schokolade, Grashüpfer-Pizza, Konfetti-Salat, Heuschrecken mit Champignons, in Rum flambierte Grillen, Johannes-der-Täufer-Brot, Tomaten-Gratin mit Grillen gefüllt usw. Es gibt für den Kochbegeisterten tausendundeine Art, Insekten zuzubereiten! Die beiden amerikanischen Autoren haben nur eine einzige vergessen: die allereinfachste Art Insekten zu essen, die ihnen ihren Eigengeschmack beläßt und für Kenner ein Hochgenuß ist: sie so zu essen, wie sie sind. Sie schmecken einfach köstlich! Kommen Sie etwa auf die Idee, Austern zu kochen? Natürlich nicht. Die Amerikaner jedoch, die noch mehr als die Europäer von einer ganz und gar künstlichen Ernährungsweise vergiftet sind, können Austern roh nicht mehr essen – sie kochen sie!

Bienenlarven sind eine weitere Insektenart, die im Westen leicht handelsfähig gemacht werden könnte. Die Bienenzucht ist ja schon vorhanden, es würde also genügen, nicht nur den Honig zu ernten, sondern auch die Brut. Im öffentlichen Unterbewußtsein haben Bienen ein gutes Image, denn sie werden mit so erfreulichen Tätigkeiten wie dem Einbringen von Blütennektar, der Erzeugung von Honig und Pollen usw. in Verbindung gebracht. Dank dieses positiven Bildes, das die Allgemeinheit von den Bienen hat, wäre es bestimmt einfach, den Verzehr der Larven dieses angenehmen Insekts zu propagieren. Den Imkern würde das sicher auch nicht mißfallen: der finanzielle Ertrag eines Bienenstocks würde sich verdoppeln, weil der Stock zweifach genutzt werden würde: für den Honig und für die Larven. Ich selbst habe mehrmals die Gelegenheit gehabt, von einer Bienenbrut zu essen: ein ausgezeichneter Geschmack und, Ihnen kann ich es ja anvertrauen, eines meiner Lieblingsnahrungsmittel. Ich kenne auf der Welt nichts Besseres! Stellen Sie sich einmal den Geschmack von Pfannkuchen mit konzentrierter, gezuckerter Milch und Honig vor – so ähnlich schmecken Bienenlarven, nur noch besser!

> Die NASA befaßt sich ernsthaft mit den Insekten als Nahrungsmittel der Zukunft und speziell als mögliche Nahrung für die Astronauten, wenn sie für lange Zeit im Weltraum unterwegs sind (Dufour, 1981).

Jedes Nahrungsmittel, das für den Gebrauch im Weltraum bestimmt ist, muß ja unbedingt so beschaffen sein, daß das mitge-

nommene Nahrungsquantum bei gleicher Kalorien- und Proteinmenge so leicht wie möglich ist.

Der hohe Nährwert und der hohe Gehalt an Proteinen und
Kalorien von guter Qualität machen die Insekten zu einem
künftigen Nahrungsmittel für den normalen Menschen wie für
den Astronauten!

Zum Schluß dieses Werkes wünsche ich Ihnen von Herzen, daß
das Leben Ihnen immer noch mehr Freude und Lust am Leben
bringen möge, aber auch Staunen und Ehrfurcht angesichts der
Schönheit der Natur. Ich hoffe, daß ich Ihnen dabei helfen konnte,
hier neue Landschaften zu entdecken. Wir müssen unseren Planeten, den wir durch unsere Fehler und Irrtümer in Gefahr gebracht
haben, wieder respektieren. Wir müssen die Natur beobachten, sie
lieben und achten und, wenn es nötig ist, auch einige unserer
Gewohnheiten in Frage stellen.
Es würde mich interessieren, von Ihnen nach der Lektüre dieses
Buches Reaktionen zu bekommen. Schreiben Sie mir doch und
berichten Sie mir von Ihren Eindrücken. Sagen Sie mir, was Ihnen
am besten gefallen hat oder was Sie, im Gegenteil, schockiert hat.
Schreiben Sie mir auch, ob Sie eine Grillenzucht angelegt haben
oder nicht und Ihre Gründe dafür, ob Ihre Zucht gut funktioniert
und welche Insekten Sie schon probiert haben usw. Ich kann
Ihnen wahrscheinlich nicht persönlich antworten, denn ich
bekomme jetzt schon sehr viel Post von den Lesern meiner vori-
gen Bücher, aber ich wäre sehr glücklich, wenn ich erfahren
könnte, wer Sie sind und was ich Ihnen geben konnte. Was Sie
auch immer schreiben – Ihre Post wird gelesen, und ich werde
Ihre Anmerkungen in der Neuauflage dieses Buches berücksichtigen. (Schreiben Sie auf Englisch oder Französisch an folgende
Adresse: Bruno Comby, Directeur du Laboratoire Edenia, 8 rue de
la Croix-Blanche, F-78240 Chambourcy, Frankreich)

Ich warte auf Ihre Post und wünsche Ihnen von Herzen, daß das Leben Ihnen ein Höchstmaß an Freude und Gesundheit bringen möge!
Vergessen Sie niemals die Maxime aus dem alten Griechenland, die auf dem Giebel des Tempels von Delphi steht:

»In uns ist mehr.«

Danksagung

Ohne die Anregungen und Hilfe der folgenden Personen wäre dieses Buch nicht zustande gekommen. Ihnen allen möchte ich ganz besonders danken:

- Swami, meinem nepalesischen Yoga-Professor, der mir vor bald 10 Jahren dazu verholfen hat, daß ich unsere Vorurteile bereitwillig in Frage stellte.
- Guy-Claude Burger für seine genialen Lehren über die Ernährung und den Instinkt. Es fehlten nur noch die Insekten, um das Bild vollständig zu machen!
- Laurent Messager für seine Zeichnungen und für unsere gemeinsamen Erlebnisse beim Insektenessen.
- Frédéric Lecorre, der mir gestattet hat, in seinem Tier-Center tropische Insekten zu probieren.
- Assou, der uns in der marokkanischen Sahara geführt hat, als wir auf Insektensuche waren.
- Christian Galy für seine Freundschaft, seine Unterstützung und dafür, daß er mir seinen Computer zur Verfügung gestellt hat.
- Ghislaine Galy für ihren Rat und für die Durchsicht des Manuskripts.
- Simone Weiss für die Durchsicht des Manuskripts und die Korrekturen.
- Eric Billon, Joel Cotty, Jean-Jacques Grimaldi, Claude Jordan, Marc Léger, Christophe Logeais, Pascal Menant, Felicie, dem kleinen Noé, Anna de Steiger und allen anderen, die das Manuskript durchgesehen haben oder die es gewagt haben, mir auf meinen Forschungsreisen in das wunderbare Land der Insektenesser zu folgen.

Quellenangaben

– Adriaens E.L., 1951, Recherches sur l'alimentation des populations du Kwango. Bull. Agric. Congo Belge 42 (2,3), S.227-270 u. 473-552

– Adriaens E.L., 1953, Note sur la composition chimique de quelques aliments mineurs indigènes du Kwango. Annales de la Société Belge de Médecine Tropicale 33 (6), S.531-543

– Auffret C. et F. Tanguy, 1947-1948, Note sur la valeur alimentaire des termites. Bull. Médic. d'A.O.F., S.395-396

– Bequaert, J., 1921, Insects as food. How they augmented the food supply of mankind in early and recent times. J. Am. Mus. Nat. Hist. vol. 21, S.191-200

– Bergier E., 1941, Insectes comestibles et peuples entomophages. Paris

– Bloomhill G., 1958, Africa à la carte. Some favorite dishes of the african gourmet. African World, nov. 1958, S.9-10

– Bodenheimer E.S., 1951, Insects as human food. W. Junk. The Hague. Netherlands.

– Burger G.C., 1985, La guerre du cru. Editions Orkos.

– Calvert C.C., R.D. Martin & N.O. Morgan, 1969, House fly pupae as food for poultry. J. Econom. Entomol. 62, S.938-939

– Chavunduka D.M., 1975, Insects as a source of protein to the african. Rhod. Sci. News, vol. 9, S.217-220

– de Conconi J.R.E., 1982, Los insectos. Como fuente de proteinas en el futuro. Editorial Limusa. Mexico, D.F.

– de Conconi J.R.E., M.J. Pino & O. Gonzalez, 1981, Digestibilidad in vitro de algunos insectos comestibles en Mexico. Folia Entomol. Mex., 49, S.141-154

– de Conconi J.R.E., M.J. Pino, C. Marquez Mayaudon, F. Rincon Valdez, M. Alvarado Perez & H. Bourges Rodriguez, 1984, Protein content of some edible insects in Mexico. Journal of Ethnobiology, 4, S.61-72

– Cravioto R.O., G. Massieu, J. Guzman & J. Calvo de la Torre, 1951, Composicion de alimentos mexicanos. Cienc. Mex. XI, S.129-155

– Das S., 1945, Locusts as food and manure. Indian Farming 6, S.412

– Defoliart G.R., 1975, Insects as a source of protein. Bulletin of the Entomological Society of America (U.S.A.), vol. 21, n°3, S.161-163, Bibl. 25 ref.

– Defoliart, G.R., 1989, The human use of insects as food and as animal feed. Entomological Society of America, vol. 35, n°1, spring 1989, S.22-35

– Degroote V.A., 1970, Tables de composition alimentaire pour la République Démocratique du Congo. Office National de la Recherche et du Développement (O.N.R.D.), Kinshasa, S.32

– Derache R., 1982, Pyrolyse des aliments et risques de toxicité. Cahiers de nutrition et de diététique, vol. 17, fasc. 3, S.39

– Dreyer J.J. & A.S. Wehmeyer, 1982, On the nutritive value of Mopanie worms. S. Afr. Journ. Sci. 78, S.33-35

– Dufour D.L., 1987, Insects as food, a case study from the northwest Amazon. Am. Anthropol. 89, S.383-397

– Dufour P.A., 1981, Insects: A nutritional alternative. National Aeronautocs and Space Administration, Washington D.C.

– Eerde E., 1981, Butterflies in your stomach? R&D Mexico, déc. 1980/janv. 1981, S.6-8

– Gelfand M., 1971, Diet and tradition in an African culture. E&S Livingstone, London

– Ghosh C.C., 1924. A few insects used as food in Burma. Report and Proceedings of the 5th Entomological Meeting, Pusa, 1923 , Calcutta, S.403-405

– Gomez P.A., R. Halut & A. Collin, 1961, Production de protéines animales au Congo. Bull. Agr. Congo 52(4), S.689-815

– Gope B. & B. Prasad, 1983, Preliminary observations of the nutritional value of some edible insects of Manipur. Journ. Adv. Zool. 4, S.55-61

– Gorham J.R., 1979, The significance for human health of insects in food. Annu. Rev. Entomol. 24, S.209-224

– Gunn D.L., 1960, The biological background of locust control. Annu. Rev. Entomol. 5, S.279-300

– Helgard Reichholf-Riehm, 1984, Les insectes. Editions Solar, Paris, guide vert-poche, Bibl, S.1

– Hervé G., 1983, L'évolution des protéines. Editions Massion, S.16

– Heymans J.C. & A. Evrard, 1970, Contribution à l'étude de la composition alimentaire des insectes comestibles de la province du Katanga. Problèmes sociaux congolais, Bull. trimestriel C.E.P.S.I., S.90-91 u. 333-340

– Hladik C. & G. Viroben, 1974, L'alimentation protéique du chimpanzé dans son environnement forestier naturel. Compte Rendu de l'Académie des Sciences de Paris. Tome 279

– Hocking B. & F. Matsumura, 1960, Bee brood as food. Bee world 41, S.113-120

– Hyde N., 1984, The queen of textiles. National Geographic 165, S.2-49

- Kok R., 1983, The production of insects for human food, stegobium paniceum. J. Can. Inst. Food Sci. Technol. V 16, S.5-18

- Künckel d'Herculais J., 1891, Note sur les populations acridophages en extrême sud de l'Algérie. Bulletin de la Société d'Entomologie Française, S.24-26

- Landry S.V., G.R. Defoliart & M.L. Sunde, 1986, Larcal protein quality of six species of Lepidoptera Saturniidae, Sphingidae & Noctuidae. J. Econ, Entomol. 79, S. 600-604

- Lapp C. & J. Rohmer, 1937, Composition et valeur alimentaire du criquet pèlerin. Bull Soc. Biol. Paris 19, S.413-416

- Malaisse F., 1978, High termitaria. In M.J.A. Werger (Ed.): Biogeography and Ecology of Southern Africa. Jung. The Hague, Monographiae Biologicae 31, S.1279-1300

- Malaisse François et Guy Parent, 1980, Les chenilles comestibles du Shaba méridional au Zaïre. Naturalistes Belg. vol. 61, n°1, S.2-24

- Masseguin (Méd.) et Antonini (Pharm.), 1938, Les chenilles comestibles dans la Haute-Shanga. Bulletin de la Société de Recherches Congolaises 25, S.133-145

- Merle (Méd.), 1958, Des chenilles comestibles. Notes africaines 77, S.20-23

- Massieu H., R.O. Cravioto, O.Y. Cravioto & F. de M. Figueroa, 1959, Nuevos datos sobre el valor nutritivo de algunos insectos comestibles mexicanos. An. Soc. Biol. Pernambuco 16, S.91-104

- Meyer-Rochow V.B., 1973, Edible inects in three different ethnic groups of Papua and New Guinea. Am. J. Clin. Nutr. 26, S.673-677

- Morgan N.O. & J.H. Eby, 1975, Fly protein production from mechanically mixed animal wastes. Isr. J. Entomol. 10, S.73-81

- Nakagaki B.J., M.L. Sunde & G.R. Defoliart, 1987, Protein quality of the house cricket, acheta domesticus, when fed to broiler chicks. Poult. Sci. 66, S.1367-1371

- Nguyen-Cong-Tieu, 1928, Notes sur les insectes comestibles au Tonkin. Bull. Econom. Indochine 31, S.735-744

- Owen D.E., 1973. Man's environmental predicament. In: An introduction to human ecology in tropical Africa. Oxford University Press, London

- Phelps R.J., J.K. Struthers & S.J.L. Mayo, 1975, Investigations into the nutritive calue of Macrotermes falciger, Isoptera, Termiditae. Zool. Afr. 10, S.23-132

- Pimentel D., E.C. Terhune, W. Dritschilo, D. Gallahan, N. Kinner, D. Nafus, R. Peterson, N. Zareh, J. Misiti & O. Haber-Schaim, 1977, Pesticides, insects in foods and cosmetic standards. Bioscience 27, S.178-185

– Platt B.S., 1962, Tables of representative values of food commonly used in tropical countries. Medical Research Council Special Report Series n°302, H.M.S.O., London, S.24

– Posey D.A., 1987, Ethnoentomological survey of Brazilian Indians. Entomoll. Gener. 12, S.191.202

– Quin P.J., 1959, Foods and feeding habits of the Pedi. Witwtersrand University, Johannesburg, Republic of South Africa

– Ramos Elorduy de Conconi J. & H. Bourges Rodriguez, 1981, Valor nutritivo de ciertos insectos comestibles de Mexico y lista de algunos insectos comestibles del mundo. An Inst. Biol. Univ. Nacion. Auton. Mexico, Zool. vol. 48, n°1, S.165-186

– Ruddle K., 1973, The human use of insects: examples from the yukpa. Biotropica 5, S.94-101

– Ruelle J.E., 1970, A revision of the termites of the Genus Macrotermes from the Ethiopian Region, Isoptera Termiditae. Bull. Br. Mus. nat. Hist. (Ent.), London, 24 (a), S.363

– Santos Oliveira J.F., J. Passos de Carvalho, R.F.X. Bruno de Sousa & M. Madalena Simao, 1976, The nutritional value of four species of insects consumed in Angola. Ecol. Food Nutrit. (G.B.), vol. 5, n°2, S.91-97

– Taylor R.L. & B.J. Carter, 1976, Entertaining with insects, or: the original guide to insect cookery. Woodbridge Press. Santa Barbara, California

– Tihon L. 1946, A propos des termites au point de vue alimentaire. Bull. Agric. Congo Belge 37, S.865-868

– Touber F., 1977, Le criquet pèlerin (schistocerca gregaria forsk.) parmi les nouvelles ressources alimentaires. Thèse de docteur-ingénieur, Paris-Grignon, Institut National d'Agronomie

– Villiers A., 1977, L'entomologiste amateur. Editions Lechevalier, Paris, collection »Savoir en histoire naturelle«

– Walsh J., 1986, Return of the locust: a cloud over Africa. Science 234, S.17-19

– Wiggle Worth, 1964, The life of insects. Londres, Weidenfeld and Nicolson. Traduction P. Pesson 1970 chez Bordas, S.290

– Wijayasinghe M.S. & A.S.B. Rajaguru, 1977, Use of silkworm Bombyx mori pupae as a protein supplement in poultry rations. J. Natl. Sci. Counc. Sri Lanka 5, S.95-104

Über den Autor

Bruno Comby wurde 1960 in Rochefort-sur-mer in Frankreich geboren. Die Elite-Universität »Ecole Polytechnique« schloß er nach hervorragender wissenschaftlicher Ausbildung mit dem Diplom ab. Er ist außerdem Ingenieur der Nuklearphysik, Graduierter der Ecole Nationale Supérieure des Techniques Avancées (ENSTA) und hat eine Zeitlang für die französische Elektrizitätsgesellschaft »EDF« gearbeitet.

Heute ist er Leiter des »Orkos«-Laboratoriums, eines wissenschaftlichen Labors, das sich mit Fragen der Gesundheit, der Vorbeugung und der Ernährung beschäftigt. Bruno Comby begann mit seinen Forschungen auf dem Gebiet der Ernährung im Jahre 1980, und seit 1988 befaßt er sich mit der Verwendung von Insekten für die menschliche Ernährung. Er selbst ißt regelmäßig Insekten und hat mehr als 200 verschiedene Arten eßbarer Insekten aus Europa, Asien, Afrika und Amerika probiert. Es ist ihm gelungen, eine optimale, kontrollierte Industrieproduktionsmethode für Insekten zu entwickeln.

Bis heute hat er für die breite Öffentlichkeit sechs Bücher herausgegeben, die in zahlreichen Ländern in Übersetzungen erschienen sind (mehr als 100.000 verkaufte Exemplare) und außerdem etliche wissenschaftliche Artikel und Publikationen.

Sein Buch »Köstliche Insekten« ist international rasch zu einem Erfolg geworden: Bruno Comby ist aufgrund seiner Forschungen auf dem Gebiet der Ernährung heute in der ganzen Welt bekannt, und er beteiligt sich in Europa, Amerika, Afrika und in den Ländern des Ostens regelmäßig an Fernseh- und Rundfunksendungen.

Mit seinen Vorträgen trägt er auf internationaler Ebene zum Erfolg von Konferenzen und Seminaren bei, die sich mit Ernährung, Psychologie, Hypnose und mit Wegen zu einem besseren Leben beschäftigen. Diese Seminare werden von Medizinern, Managern und von der breiten Öffentlichkeit mit Interesse verfolgt. Doch ihn faszinieren nicht nur Biologie, Gesundheit und Natur, er läuft auch Ski, er surft, und zwar auf Wettkampfniveau, und er ist Segel- und Surflehrer. Seit frühester Jugend hat er zahlreiche Länder bereist und auch dort gelebt: Kanada, USA, Gabun, Dschibuti, La Réunion, Pakistan, Irland, Spanien, Martinique. Er spricht Französisch und Englisch und lebt zur Zeit in der Nähe von Paris.

Bereits erschienene Bücher und Schriften von Bruno Comby:

Bücher, die sich an die breite Öffentlichkeit richten:
- Comment vous libérer du tabac – éditions Dangles, 1986, Taschenbuchausgabe: J'ai lu, 1992, Vorwort von Prof. Joyeux (172 Seiten, ins Spanische übersetzt, portugiesische Übersetzung in Vorbereitung).
- Stress-Control, éditions Dangles, collection Psycho-soma, 1988, Vorworte von Prof. Henri Joyeux und Dr. Jean de Bonnefon (240 Seiten, übersetzt ins Spanische und ins Italienische, englische Übersetzung in Vorbereitung).
- Nature contre sida – édition Soleil, collection Santé, 1989, Vorworte von Prof. Moeller, Dr. Jean Olivot und Dr. Mongaboure (288 Seiten, engl. Übersetzung in Vorbereitung).
- Eloge de la sieste – édition OEIL, 1992, illustriert von Moebius, Vorworte von Jacques Chirac, Prof. Billiard, Jean-Claude Bourret und von Daniel Ameline (250 Seiten).

Wissenschaftliche Publikationen:
- Modélisation numérique des trajectoires de rentrées atmosphériques d'engins spatiaux pilotables – eine Studie, die zur Raumfahrtausstellung 1983 erstellt wurde (350 Seiten, im Rahmen der Ecole Polytechnique).
- La lutte anti-tabac dans l'entreprise – ein Bericht, der in Zusammenarbeit mit der nationalen Anti-Rauchen-Gesellschaft erarbeitet wurde (1985, 50 Seiten).
- Influence du facteur alimentaire sur l'évolution de l'état de santé de sujets séropositifs au virus HIV – eine statistische Studie, herausgegeben vom »Orkos«-Laboratorium (25 Seiten, französisch, englisch und deutsch erhältlich).
- Multi-parameter analysis of tremor – 1990, eine statistische Studie, herausgeben vom »Orkos«-Laboratorium (25 Seiten, englisch).
- New method for the measurement of tremor at rest – 1991, herausgegeben von den »Archives Internationales de Physiologie, Biochimie et Biophysique« (6 Seiten, englisch).
- Méthode optimale et contrôlée de production industrielle d'insectes – 1991, »Orkos«-Laboratorium (20 Seiten, französisch).

Ich möchte mehr darüber wissen!

Wenn Sie mehr über die Aktivitäten und die Forschungen des Verfassers zur Ernährung, zu einem besseren Leben, zu natürlichen Gesundheitsmitteln, zur Herkunft des Menschen, zur praktischen Psychologie und Hypnose wissen möchten, schneiden Sie den Abschnitt unten aus und schicken Sie ihn an: Bruno Comby, Directeur du Laboratoire Edénia, 8 rue de la Croix-Blanche, F-78240 Chambourcy, Frankreich.

Name: Vorname:

Adresse:

Beruf:

Schicken Sie mir bitte möglichst bald, ohne jede Verpflichtung für mich, eine vollständige und kostenlose Dokumentation über Ihre Aktivitäten auf folgendem Gebiet (kreuzen Sie bitte an, was Sie interessiert):

– grundlegende Forschungen (Forschungen über Ernährung, Streß, Insekten in der Ernährung, die Herkunft des Menschen, praktische Psychologie),

– Bildungslehrgänge bei »Edénia« (Lehrgänge zur Gesundheit, Ernährung, zum Umgang mit Streß, über die Fähigkeiten des Gehirns, über Persönlichkeitsentwicklung, über Insektenzucht),

– Vertrieb von »Edénia«-Produkten (Grillenkäfige, lebende Insekten, Apparat zur Streßmessung).

Datum: Unterschrift: